SAINT EUTROPE

PREMIER ÉVÊQUE DE SAINTES

DANS

L'HISTOIRE, LA LÉGENDE, L'ARCHÉOLOGIE

PAR

M. Louis AUDIAT

Troisième édition

PARIS | SAINTES

PICARD, LIBRAIRE | Mme Z. MORTREUIL

82, rue Bonaparte. | Rue Eschasseriaux, 42.

1887

SAINT EUTROPE

IMPRIMERIE DE PONS. — NOEL TEXIER

SAINT EUTROPE

PREMIER ÉVÊQUE DE SAINTES

DANS

L'HISTOIRE, LA LÉGENDE, L'ARCHÉOLOGIE

PAR

M. Louis AUDIAT

Troisième édition

<table>
<tr><td>PARIS
PICARD, LIBRAIRE
82, rue Bonaparte.</td><td>SAINTES
Mme Z. MORTREUIL
Rue Eschasseriaux, 42.</td></tr>
</table>

1887

I

Saint Eutrope est le fondateur de l'église de Saintes, et le premier de cette longue liste de pontifes qui,
pendant tant de siècles, ne compte ni un hérésiarque ni
un schismatique; dont plusieurs, au contraire, méritèrent
d'être mis au nombre des saints, et dont le dernier fut,
comme lui, martyr de la foi. Il venait de bien loin
apporter aux bords de la Charente la bonne nouvelle déjà
répandue sur les rives du Jourdain et du Tibre. Ainsi
que l'indique son nom il sortait de la Grèce ou mieux

de l'Asie mineure, comme les premiers missionnaires ou chrétiens de la Gaule, Orientaux plutôt qu'Italiens, Denys, Trophime, Pothin, Polycarpe, Georges, Epaphros, Irénée de Smyrne, puis Attale de Pergame, Alexandre de Phrygie et autres.

Il y a une légende. Ne fallait-il pas mêler le merveilleux à la vie d'Eutrope, comme à celle de beaucoup d'autres saints ? L'imagination populaire ne se contente pas de la réalité. Cet homme de race orientale devait être au moins le fils d'un prince ou d'un roi, prince lui-même. En effet, c'est un Xerxès, comme on dit un Ptolémée, un Pharaon, un Valois, un Bourbon. Pierre des Noëls (Pietro Natali), évêque d'Equilium en Italie, † 1376, a raconté, et avec lui bien d'autres, cette illustre origine et les débuts de cette existence étonnante qui finit par le martyre.

Et les Saintongeais l'ont cru. L'un d'eux, Jacques Pichon de Monteraud, président et lieutenant général en la sénéchaussée de Saintonge, écrivait à Baluze en 1678 : « Xaintes a un évesché. Son premier évesque a été saint Eutrope, fils du roi Xercès, contemporain de nostre Seigneur ».

Ce descendant des rois a entendu parler d'un prophète qui accomplit des prodiges en Palestine. Tout jeune, épris du désir de le connaître, à l'instar des mages, il court à Jérusalem, s'attache à ses pas pour recueillir ses enseignements; il assiste à la multiplication des pains sur la montagne de Bethsaïde, où Martial, plus tard apôtre du Limousin, du Bordelais et du Poitou, est un de ceux qui ramassent les restes du repas miraculeux. Un manuscrit du XIIe siècle, antérieur à Pietro Natali, expose tous ces évènements. Eutrope est là quand Jésus triomphant entre à Jérusalem, au milieu d'une population ivre de joie qui lui jette des vêtements sous ses pas et des feuillages, qui dans trois jours lui lancera des pierres et des injures, qui le fera ou le laissera périr ignominieusement. Un autre manuscrit du XVe siècle, à la bibliothèque de Lille, nous le montre parmi les Juifs « qui vindrent au devant de Jésus-Christ jusques en Béthanie, en lui fesant grant révérence ». Lui-même joncha de fleurs les pieds du Sauveur, et cria comme les autres : « Hosanna ! Gloire au fils de David ! »

Il ne faudrait pas s'étonner que les croix hosannières, qui sont en si grand nombre dans la Saintonge, fussent un souvenir particulier d'Eutrope et de sa présence à l'hosanna de Jérusalem.

Et la tradition s'est perpétuée. Un antiphonaire, manuscrit du XVIIe siècle à l'usage des bénédictins de Saint-Eutrope, le chantait encore. Henri de Sponde, l'abréviateur des *Annales ecclésiastiques* de Baronius, rapporte que c'était une tradition qu'Eutrope avait même entretenu le Christ. Le père François Giry, en ses *Vies des saints*, I, 191 (1715), l'a redit ; et dans les livres liturgiques du commencement de ce siècle, on célébrait, comme au moyen âge, Eutrope, ce glorieux évêque, cet illustre martyr, qui, sur la terre, avait eu la gloire de voir de ses yeux Jésus-Christ.

Pour tant de prodiges la prose était insuffisante. Un Saintongeais, curé de Saint-Jean d'Angély, François Bonneau, a mis en vers latins le récit des vieux hagiographes :

> J'ai dans Jérusalem vu les fils des Hébreux,
> Pour fêter le Sauveur, voler sur son passage ;
> Et puis, à pleines mains, jeter fleurs et feuillage,
> Et crier Hosanna ! Tout fier, j'ai fait comme eux,

et, — la poésie vit de fictions, — chante tous les prodiges du jeune prince devenu plus tard l'apôtre et le martyr des Santons.

Mais des bruits sourds couraient ; on en voulait au Nazaréen ; on parlait de se débarrasser de lui ; ses vertus et sa popularité portaient ombrage. Eutrope retourna dans sa patrie, pour y prendre des compatriotes et revenir au secours de son maître. C'est dans un enfant le mot de Clovis au récit de la passion de Jésus : « Si j'avais été là avec mes Francs ! » Aussi quand il apprit qu'il avait été tué par les Juifs, il fit périr tous ceux qu'il trouva dans le royaume ; la haine du sémite rapace et cruel poussait déjà aux soulèvements et aux massacres. Quelques temps après Simon et Jude vinrent prêcher en Perse. Le peuple entier crut à celui qu'annonçaient ces apôtres et dont leur prince lui-même racontait les miracles.

Et si nous voulions écouter l'enthousiasme de ces naïfs écrivains qui ne comprenaient pas que ces hommes, extraordinaires par leurs vertus, eussent été des êtres comme tout le monde, si nous ne connaissions pas cette passion qu'ont eue les églises particulières de se rattacher d'une façon spéciale à l'église maîtresse, au fondateur lui-même du christianisme, quels récits charmants il y aurait à reproduire ! Voyez-vous quelques disciples du crucifié secouant la poussière de leurs pieds sur cette terre qui boit le sang des prophètes, sur ce peuple qui lapide et pend les justes ! Ils partent et s'en vont chercher un sol qui ne leur rappellera plus les douleurs de leur maître, et où ils pourront, fut-ce au prix de leur sang, répandre sa doctrine divine, au besoin mourir pour et comme lui. « Une barque, entre les autres, écrit le père Lacordaire, quitta ces beaux rivages qui s'étendent du Carmel aux bouches du Nil. Elle portait dans ses flancs étroits la famille de Béthanie, et quelques disciples qui s'étaient joints à sa bénédiction. La main qui dirigeait tous les apôtres conduisait aussi ceux-là ; et sous son invisible impulsion cachée par celle des flots, ils abordèrent à une ville qui était dès lors une des portes de l'Europe. Marseille les vit entrer sans connaître le trésor qui descendait avec eux. Qui lui eût nommé Lazare, Marie-Madeleine, Marthe, n'eût rien dit à son oreille, encore moins à son cœur. La gloire n'était pas née pour le christianisme : il venait en inconnu, et ceux-là mêmes qui devaient lui dresser des échafauds pour lui préparer des temples, ne savaient ni son nom ni ses œuvres. Sa puissance se dérobait dans son humilité, et la terre passait à côté du ciel sans en avoir le pressentiment. » Et ces voyageurs, « c'était Lazare, le ressuscité de Béthanie ; c'était Marthe, sa sœur, qui l'avait vu sortir du sépulcre et qui

avait cru à la puissance du Fils de l'homme avant qu'elle
éclatât ; c'était une autre femme, sœur de l'un et de l'autre,
plus illustre encore, plus aimée, plus digne de l'être, celle
à laquelle il avait été dit : « Beaucoup de péchés lui sont
remis, parce qu'elle a beaucoup aimé » ; celle qui, la première, toucha Jésus au matin de sa Pâque, parce qu'elle
était la première dans ce cœur blessé pourtant d'un amour
qui embrassait toutes les âmes jusqu'à la mort » ; c'était
Maximin, celui que Marseille honore comme son premier
pasteur ; c'était Trophime, fondateur de l'église d'Arles ;
c'était Eutrope, destiné à être évêque de Saintes.

Je n'ai pas à raconter les merveilles que les biographes
ont semées sur cette terre bénie ; chaque pas des étrangers
était marqué par un prodige ; chaque coin de la Provence
garde le souvenir d'un miracle particulier. Raban Maur,
évêque de Mayence, « l'homme le plus érudit du IXe siècle », s'est plu à décrire ces évènements étonnants qui
feraient certainement sourire des incrédules, rebelles aux
miracles, dociles au somnambulisme et à l'hypnotisme.

Les pacifiques soldats de l'armée du Christ se partagèrent
les provinces de la Gaule à conquérir : Paul eut Narbonne ;
Austregisile, Bourges ; Gatien, Tours ; Savinien et Potentien, Sens ; Trophime, Arles ; Eutrope, Saintes ; puis les
autres se rendirent en différentes villes : Front, à Périgueux ; Georges, au Puy ; Julien, au Mans ; Martial, à
Limoges et à Bordeaux ; Sernin, à Toulouse. Et cette
nouvelle conquête de la Gaule, plus rapide, moins san-
glante, ne coûta la vie qu'aux conquérants qui triom-
phaient en mourant.

En passant, ils évangélisaient les cités qu'ils rencontraient. De la vient que plusieurs contrées honorent le même saint, que deux églises reconnaissent un même fondateur. Il ne serait pas surprenant qu'Orange, qui fête deux saints Eutrope, l'un au premier, l'autre au quatrième siècle, ait eu pour premier évêque le premier évêque de Saintes. Raban Maur l'a écrit; d'autres l'ont cru et le croient. Michel de Moriez, archevêque d'Arles en 1203, dans une lettre aux ecclésiastiques et aux princes chrétiens, parlant des « sept missionnaires : Trophime à Arles, envoyé par saint Paul et saint Pierre, avec Serge Paul, à Narbonne ; Maximin, à Aix ; Saturnin, à Toulouse ; Front, à Périgueux ; Martial, à Limoges, » cite Eutrope à Orange. L'office de saint Trophime, racontant, d'après Raban, la bénédiction d'un cimetière par Trophime avec Maximin et les autres, nomme Paul, Saturnin, Front, Martial et Eutrope d'Orange, « Auraicensi ». L'ancien bréviaire de Narbonne, qui narre ce même fait à la fête de saint Paul, avec les mêmes personnages met saint Eutrope de Saintes, « Sanctonensi »; ce qui prouverait qu'on a cru que ces deux saints n'en faisaient qu'un

Une autre version nous le montre après la mort du Christ, accourant à Rome et, de là, envoyé par saint Pierre lui-même, en même temps que Martial à Limoges, Sixte à Rennes, Trophime à Arles, Savinien à Sens, Julien au Mans, Crescent à Vienne, Memmie à Châlons sur Marne, Ursin à Bourges, Austremoine à Clermont en Auvergne. Et les témoignages ne manquent pas. C'était l'opinion de la plupart des églises où on l'honorait,

comme l'attestent les leçons des bréviaires ; celui de Senlis :
« Saint Eutrope fut premièrement envoyé en France
par saint Pierre, et il alla en Xaintonge ; puis après quelques années il retourna à Rome, et, ordonné évêque par
saint Clément, y revint avec saint Denys » ; à Langres : « Il
s'achemina à Rome où il fut bénignement receu de l'apostre saint Pierre et par lui soigneusement enseigné en la
foy et religion chrestienne, puis envoyé avec plusieurs
fidèles ès Gaules et en la ville de Xainctes, où il convertit le peuple à Jésus-Christ » ; à Noyon : « Il vint à Rome
voir Pierre, fut ordonné évêque par lui et envoyé en Gaule
et à Saintes ». Ainsi parlent les actes de sa vie qu'on
a cru rédigés par saint Denis : « Bien accueilli par saint
Pierre, après avoir demeuré quelque temps à Rome pour
recevoir ses leçons, il partit pour la Gaule avec ses compagnons ». C'est ce que répètent Vincent de Beauvais,
saint Antonin de Florence et le cardinal Baronius reproduit par le père Jacques Gaulthier, docteur régent de
théologie en 1609 ; en 1653, Antoine Godeau, évêque
de Vence, et en 1715, un poète saintongeais, l'abbé
Juillard du Jarry, qui a remporté sur Voltaire un prix
de poésie à l'académie française :

> ... Un fameux martyr par des actes célèbres,
> Des peuples abusés dissipa les ténèbres.
> Eutrope, par saint Pierre envoyé dans ces lieux,
> Vint lever le bandeau qui couvrait tous les yeux.
> Le dépôt de la foy que reçurent nos pères,
> Est un fruit précieux de ses soins salutaires.
> Il scella de son sang ses oracles sacrez,
> Et nous traça du ciel la voye et les degrez ;

Et son chef, révéré dans un auguste temple,
De son zèle divin éternise l'exemple.

II

Evangélisation de la Gaule au premier siècle. — Objections et
réfutations. — Saint Eutrope envoyé par saint Clément.
Tradition depuis le vie siècle. — Témoignages
écrits depuis cette époque.

ICI se place l'éternelle question de l'évangélisation de
la Gaule. Date-t-elle du 1er ou du iiie siècle ? Les
apôtres qui, selon Eusèbe, avaient par eux-mêmes prêché
les peuples les plus reculés, les Perses et les Arméniens
(saint Simon et saint Jude), les Scythes (saint André), les
Indiens (saint Thomas), les Ethiopiens (saint Barthélemy),
qui avaient établi des églises à Jérusalem, saint Jacques
le mineur ; à Antioche, saint Evode, qui parcourut le Pont,
la Cappadoce, la Bithynie, la Galatie ; à Ephèse, Timo-

thée; à Athènes, Denys l'aréopagite; à Philippes, Epaphro-
dite; à Thessalonique, Caius; à Smyrne, Polycarpe; qui
avaient envoyé leurs disciples dans toutes les parties du
monde connu, en Espagne, en Afrique et dans la
Grande-Bretagne, ont-ils négligé la Gaule qui n'aurait
eu l'évangile que deux cents ans plus tard, après l'Italie, après la Perse, l'Afrique et l'Angleterre ? Comment
saint Paul, qui — saint Cyrille de Jérusalem, saint Athanase,
saint Epiphane, saint Jean Chrysostome, Théodoret l'affirment — avait fait plusieurs voyages en Espagne, n'a-t-il
point songé à passer par la Gaule, son chemin direct, pour
y prêcher ? Comment! L'Afrique, à la fin du IIe siècle,
comptait plus de 150 évêques, et la Gaule n'en aurait pas
eu quelques uns avant le IIIe ? Il y avait des sièges épis-
copaux dans des localités sans importance, dans d'infimes
bourgades; et l'on n'en aurait vu que deux cents ans plus
tard, dans les grandes et florissantes cités de la Gaule,
Marseille, Bordeaux, Tours, Bourges ? Rome aura laissé
la dernière dans l'idolâtrie cette terre qui devait être la
fille aînée de l'église !

Il y a des objections, et graves : le manque absolu
de noms d'évêques pour tous les diocèses de France avant
le IIIe siècle au moins ; l'absence de tout texte, de tout
document, de tout écrit ; le silence complet des monuments, constructions, pierres, tombeaux, inscriptions ;
l'autorité de Grégoire de Tours qui met sous Dèce la
venue en Gaule des sept premiers missionnaires, et le
passage fameux de Sulpice Sévère : « Pour la première fois
on vit en Gaule des martyres, l'an 162, sous Marc-Aurèle :
car la religion chrétienne ne s'y était implantée que tard.

Nous ne voulons pas entrer dans une discussion qui exigerait des développements hors de proportion avec le sujet, et d'ailleurs plus d'une fois déjà présentés. Toutefois, faisons remarquer d'abord que les lacunes signalées se rencontrent aussi dans les diptyques des églises d'Orient, d'Espagne et d'Italie, apostoliques sans contestation ; Corinthe a six noms d'évêques jusqu'au IVe siècle ; Ephèse, trois pour les deux premiers ; Philippes, huit, et Athènes, quinze jusqu'au XIIe siècle. En France, à Toulouse, à Bordeaux, à Marseille, à Aix, on remarque des vides considérables dans les catalogues d'évêques du moyen âge. Faut-il en conclure que ces villes n'ont été évangélisées qu'à la renaissance ? Il y a d'ailleurs des diocèses qui ont des listes à peu près complètes du Ier au IIIe siècle : Metz, Reims, Chartres. Il faut ensuite tenir compte de la source peu abondante d'informations que nous avons pour ces époques reculées, et des ravages du temps et des barbares, Goths, Sarrazins, Normands. Puis les monuments chrétiens, avec signes caractéristiques ou dates fixes, sont aussi rares que les tombeaux gaulois, dont il est difficile de les distinguer : car alors il était dangereux pour les chrétiens de se révéler ostensiblement. Il n'existe jusqu'ici que quatre ou cinq inscriptions chrétiennes antérieures au Ve siècle, et la plus ancienne est de 334. Devra-t-on croire que le christianisme ne pénétra chez nous qu'au IVe siècle ? A Rome même, sur 1400 inscriptions datées, 31 seulement sont antérieures à Constantin. Ensuite Grégoire de Tours, dans ce passage qui contient d'ailleurs plusieurs erreurs de chronologie, n'a pas dit ce qu'on lui prête ; c'est l'opinion

de son éditeur, dom Ruinart, qu'en parlant des martyrs
de Lyon sous Marc-Aurèle, et des sept évêques arrivés
sous Dèce, il ne nie pas d'autres martyres, et n'exclut pas
les autres missionnaires antérieurs. Enfin les expressions de Sulpice Sèvère, s'entendent, « martyria », de persécutions générales, de massacres en grand, qui ne sup-
priment pas des assassinats, des meurtres individuels ;
et « serius suscepta », d'un retard relatif par rapport à l'I-
talie, à l'Afrique, où la foi implantée se maintint. Non, une
phrase générale ne peut prévaloir contre les affirmations
très précises de Tertullien, de saint Cyprien, d'Eusèbe,
qui montre au concile d'Arles, en 316, six cents évêques où
les Gaulois étaient en majorité.

Eh bien ! qnand même on rejetterait jusqu'au iiie siècle
et l'évangélisation des Gaules et l'arrivée des premiers
missionnaires, et au ive les premiers martyrs ; quand même
on accepterait pleinement et la phrase de Sulpice Sévère
dans sa généralité un peu vague, et le passage de Grégoire
de Tours, qui n'est pas du tout exclusif, il faudra bien
reconnaitre qu'il y a au moins une exception à faire
pour saint Eutrope. Thierry Ruinart l'avouait, tout partisan
qu'il était de Sulpice Sévère et de son auteur. Et le plus
rude champion de l'école Grégorienne, M. l'abbé Casimir
Chevalier, de Tours, tout en niant l'établissement d'églises
au i^{er} siècle, n'a pu s'empêcher de déclarer, après dom
Ruinart, « que Grégoire de Tours ne méconnaissait pas
la première mission évangélique des Gaules », celle que
nous pouvons appeler proprement la mission apostolique,
puisqu'il parle d'une dame gauloise qui rapporta à Ba-

zas une fiole du sang du précurseur, et lui bâtit un temple, un temple supposant des fidèles ; de « saint Ursin de Bourges, ordonné évêque par les disciples des apôtres pour évangéliser les Gaules »; de la lettre des sept évêques gallofrancs à sainte Radégonde disant « que la foi chrétienne avait commencé dans les Gaules dès la naissance même de la religion chrétienne »; des saints Thimothée et Apollinaire, martyrisés, d'après Flodoard avec le prêtre Maurus et plusieurs autres chrétiens, sous le règne de Néron. Or parmi ces noms de missionnaires du premier siècle, M. Chevalier cite en première ligne « saint Eutrope de Saintes, évêque et martyr, envoyé, dit-on, dans les Gaules par saint Clément ».

Les plus décidés adversaires de l'évangélisation au premier siècle, sont forcés de faire comme eux, avec mauvaise grâce, c'est vrai. Ainsi l'*Art de vérifier les dates*, après avoir au calendrier mis « saint Eutrope, IIIe siècle », déclare ceci : « Quoi qu'en disent plusieurs savants modernes, il y a bien de l'apparence que c'est à saint Clément, et non à saint Fabien qu'on doit rapporter la mission des premiers évêques dans la Gaule. « Et le P. Longueval : « Saint Eutrope, premier évêque de Saintes, est accepté par quelques auteurs comme le compagnon de saint Denis, apparemment parce qu'on disait, au rapport de Grégoire de Tours, qu'il avait reçu sa mission de saint Clément comme on le prétendait de saint Denis. Un grand nombre d'églises en font la fête ».

L'évêque de Vence, Godeau, mettait, on l'a vu, malgré la thèse, saint Eutrope au premier siècle. Lenain de

Tillemont (1696) rapportait la tradition, qu'il n'osait pas contredire : « Le nom de saint Eutrope, estoit célèbre dans le vi^e siècle. Il se lit dans Usuard, Adon et les autres postérieurs, au 30 avril ; et beaucoup d'églises en font la feste. Mais celle de Saintes dans la Guienne le regarde depuis bien des siècles comme son premier évesque, ayant esté consacré par son martyre. Elle croyait, dès le vi^e siècle, l'avoir receu de saint Clément ». Et plus loin, dans une note, page 737, *En quel temps a vécu saint Eutrope*, il écrit : « Saint Grégoire nous assure que saint Eutrope a été martyrizé, et qu'on tenoit qu'il avoit esté envoyé par saint Clément », ne pouvant s'empêcher, avec une grande sincérité, d'ajouter que c'est là un témoignage fort grave « à opposer à Sulpice Sévère, qui veut que les martyrs de Lion, sous Marc Aurèle, soient les plus anciens martyrs des Gaules. » Toutefois, pour ne pas déplaire aux Bollandistes, il n'ose accepter tout à fait Grégoire de Tours ; et il prend un terme moyen, ni le iiie siècle du père Henschen, ni le premier de l'évêque de Tours : « Je ne sçay néanmoins s'il ne vaudrait pas mieux le faire plus ancien et mettre son martyre sous Marc Aurèle. »

Mais devant ces quelques hésitations, ces quelques doutes, ces quelques réticences, quelle magnifique suite de témoignages ! quel accord ! Saint Grégoire, archevêque de Tours (538-595), affirme d'une façon très nette qu'Eutrope fut envoyé par saint Clément, troisième successeur de saint Pierre : « Eutrope, martir de la cité de Xaintes, fut envoyé par saint Clément en Gaules pour y prescher, par lequel aussi il fut honoré du titre et ordre d'évesque ; et qui ayant accompli l'ordre et devoir de son office, et la prédication entreprise pour la conversion des païens, fut assailly des infidèles, que l'auteur d'incrédulité ne souffrit qu'ajoutassent foi à cet évesque, lesquels lui rompirent la teste ».

Après l'historien des Francs, le père de notre histoire nationale, comme on l'a appelé, viennent les hagiographes, les martyrologes, les écrivains divers ou spéciaux. Tous unanimement reconnaissent, racontent, proclament l'envoi par saint Clément, quelques uns après la mission de saint Pierre. La série serait longue et l'énumération fatigante, quoique incomplète, de ceux, illustres ou inconnus, auteurs graves ou secondaires, qui ont parlé de saint Eutrope et de sa venue en Saintonge au premier siècle.

Au VIIIe siècle, c'est le vénérable Bède dans son *Martyrologe*, au 30 avril ; au IXe, c'est saint Adon, archevêque de Vienne en Dauphiné, qui répète dans son *Martyrologe* le passage du vénérable Bède ; et Usuard, bénédictin de l'abbaye de Saint-Germain des Prés, mort en 876, qui reproduit Grégoire de Tours ; au Xe, c'est saint Notker, bénédictin de Saint-Gall, puis Flodoard, chanoine de Reims (930) qui, dans son poème sur *Les triomphes du Christ en Italie*, place Eutrope et Denis parmi les missionnaires de saint Clément.

En avançant, les témoignages s'accumulent : au XIIIe siècle, mentionnons le bréviaire manuscrit de Saintes puis Vincent de Beauvais qui raconte longuement sa passion.

Au xive, Pietro Natali écrit : « Ordonné évêque de Saintes par saint Clément et associé à saint Denis, il retourna en Gaule avec lui. » — Au xve, saint Antonin, archevêque de Florence, mort en 1459 : « Après avoir reçu de Clément l'onction sacerdotale, il fut envoyé en Gaule avec saint Denys et ses compagnons ». Puis vient le bréviaire de Notre-Dame de Paris : « Eutropius, martyr Sanctonice urbis, a B. Clemente papa, cum S. Dionysio, fertur directus in Gallia, ab eodem etiam pontificalis ordinis gratia consecratus » ; celui de Langres : « Saint Eutrope fut converti à la prédication des apôtres saint Simon et saint Jude, estans allez prescher l'Evangile en Perse après l'ascension de Notre-Seigneur... »

Après quelques années passées en Saintonge, « estant retourné à Rome, saint Pierre ayant souffert le martyre, il fut de rechef envoyé en France par le pape saint Clément ; et estant allé pour la deuxième fois à Sainctes, il acquit un grand peuple à Dieu, et principalement la fille du roy, nommé Eustelle, laquelle il baptisa. »

Sans doute, tous ces hagiographes se répètent ; mais l'histoire ne s'invente pas ; quand un auteur sérieux affirme un fait et qu'il n'est contredit ni par ses contemporains ni par des monuments authentiques, on le croit. Faudrait-il donc rejeter tous les évènements des temps passés parce qu'il y a unanimité des historiens ! Et quel argument pour la thèse contraire tirerait-on, s'il n'y avait pas concordance entre eux ?

Les écrivains postérieurs n'ont pas été d'un autre avis :

François de Belleforest (1575) s'exprime ainsi en parlant de la Saintonge : « Et fut ce païs conuerty à la foy Euangelique par saint Eutrope, lequel du temps de Domitien fut envoyé par saint Clément en Gaules où il fut martyrisé, et duquel voicy comme parle Grégoire de Tours, afin que ceux qui dient qu'il n'y a rien d'escrit en cet Euesque, voyent que les anciens l'ont cogneut... »

Elie Vinet, de Barbezieux, recteur du collège de Guyenne à Bordeaux, s'appuie, en 1571, sur Grégoire de Tours. « Il fut envoié par saint Clément, évesque de Rome, soubz l'empereur Domitian, environ l'an de Iésus-Christ nonante cinq ». Pierre Galesini, dans son *Martyrologe romain*, en 1578, précise le nombre d'années que l'envoyé de Clément passa en Saintonge, vingt-sept ans. Gérard Mercator, dans son *Atlas*, en 1595, dit : « Saint Eutrope fut le premier envoyé par saint Clément ».

Au XVIIe siècle, Dadine d'Hauteserre, le chroniqueur d'Aquitaine, écrivait, en 1648, « qu'Eutrope fut envoyé à Saintes par le pape Clément ». Marc-Antoine Dominicy, cité par le père Bonaventure de Saint-Amable, tirait de la mission d'Eutrope par saint Clément un argument en faveur de saint Martial. Pierre de Marca, en 1658, dit que « Clément acheva l'œuvre de Pierre en envoyant Denis, Saturnin, Eutrope de Saintes, Ursin de Bourges et autres. Le *Gallia christiana* (1656, II, col. 1054) répète Grégoire de Tours. Les Bollandistes (1675) avouent que la plupart des bréviaires de France attribuent la mission d'Eutrope à saint Clément Du Saussay, en son *Martyrologe gallican* : « Eutrope, parti de la Grèce pour Rome, y fut fait évêque par Clément et envoyé en Gaule à Saintes ».

Le bénédictin dom Estiennot de La Serre, en 1675 : « Eutrope, converti, fut envoyé en Gaule par Clément. Le jésuite Jacques Gaulthier, en 1609 : « Consacré et envoyé en Gaule par saint Pierre ou certainement par saint Clément. » Le dominicain Noël Alexandre, en 1699 : « Que dire de saint Eutrope, premier évêque de Saintes et martyr, que saint Clément envoya dans les Gaules, au témoignage de Grégoire de Tours ? Le minine François Giry déclare que « son envoi en France par saint Clément est attesté par tant d'auteurs, qu'il n'a pas cru en devoir douter. » Le *Martyrologe romain* suit l'opinion commune ; le cardinal Baronius dit la même chose. Laurent Surius ne pense pas différemment. Démocharès, c'est-à-dire Antoine de Mouchy, doyen de la Sorbonne, parle, p. 45, de saint Eutrope, « créé évêque par saint Clément. »

Clément Marchant, qui a extrait de « plusieurs graves et anciens auteurs » la vie de saint Eutrope », et le fête par erreur au 25 mai, expose qu' « il vivoit du temps de Jésus-Christ », qu'il a été envoyé « ès Gaules par le pape saint Clément avec saint Denys l'aréopagite, qui le députa pour aller prescher l'évangile en la ville de Xaintes ; » il ajoute « que cestuy saint Denys a rédigé par escrit son martyre. » Voilà ce qu'attestent deux célèbres docteurs en théologie, Pierre Viel et Jacques Tigeou, chancelier de l'église cathédrale de Metz.

Ecoutons Marie-Nicolas Desguerrois, prédicateur et

chanoine de Troyes, qui a raconté « les vie, mort et miracles de plusieurs saints de France et autres pays, dont les reliques sont au diocèse et ville de Troyes », en 1637 : « Saint Clément venant à succéder au trône apostolique, après Lin et Clet, recognoissant que saint Eutrope estoit toujours bien animé pour les Xaintongeois, le consacra prélat de ces peuples. Ce fut alors que le saint père eut un grand soin des Gaulois ; et ayant appris que ceux que Pierre y avoit envoyés estoient décédés, il fit une nouvelle mission d'hommes apostoliques pour y planter ou provigner la foy chrétienne jà plantée. Il ordonna et sacra pour évesques saint Taurin à ceux d'Evreux, saint Lucian à Beauvais, saint Denys, cet homme évangélique, pour Paris, saint Nicaise à Rouen, et nostre saint Eutrope pour ceux de Xaintonge ».

L'illustre Pierre de Marca, archevêque de Toulouse, dans sa dissertation sur l'origine du christianisme en Gaule, après avoir déclaré qu'il n'est pas un homme assez insensé pour croire que les apôtres qui envoyaient des missionnaires dans la Grande-Bretagne, aient négligé les Gaules, qui se trouvaient sur leur passage ; qu'en effet, ils y envoyèrent Philippe, Luc, Crescent, Trophime, Paul, Martial et autres, et que Clément acheva l'œuvre en y envoyant Denis, Saturnin, Eutrope de Saintes, Ursin de Bourges, conclut que l'Aquitaine a été évangélisée en même temps que la Narbonnaise par Martial de Limoges, Ursin de Bourges, Fronton de Périgueux, et Eutrope de Saintes. Simon de Peyronet, curé du Taur à Toulouse, a adopté l'avis de son archevêque.

Armand Maichin, jurisconsulte et notre premier historien saintongeais, s'exprime ainsi : « Sainct Eutrope,
que l'on dit avoir esté fils de Xerxes, Roy de Perse,
du temps de l'Empereur Auguste César, ayant receu
sa mission de Sainct Clément, dressa la ville de Saintes au
plan de la Religion Chrétienne, et en fut le premier Euesque durant l'Empire de Domitien, environ l'an 95 de
nôtre Seigneur, après que saint Denis Aréopagite, Sainct
Rustique et Sainct Eleuthere furent envoyez dans le païs
des Gaules par saint Pierre, pour y prescher et annoncer
l'Evangile. Nos Saintongeois font un très grand estat de
Sainct Eutrope, parce qu'il a souffert le martyre et qu'il a
esté canonisé à cause de la pureté de ses mœurs et des
beaux exemples de sa vie ». Et un autre Saintongeais,
Pierre Vieuille, dit aussi : « L'Evêché de cette ville est
aussi très ancien, puisque le premier Evêque a été Saint
Eutrope, contemporain de Notre-Seigneur, mort pour la
foi et la religion catholique ; il avait été envoyé dans
les Gaules par Saint Clément durant l'empire de Domitian.
On garde avec un grand respect et vénération son chef en
dépôt dans l'église de Saint-Eutrope, que Saint Palais, son
successeur, fit bâtir à son honneur, au même lieu où son
corps avoit été trouvé quelques années après son martyre ».

Au XVIIIe siècle, l'abbé Chatelain adopte cette version
dans son *Martyrologe universel* : « 30 avril. A Saintes,
saint Eutrope, évêque et martyr, que saint Clément consacra évêque et envoya en France : où, après avoir prêché
fort longtemps, il mourut victorieux d'un coup qui luy

ouvrit la teste pour la confession de Jésus-Christ. »
Le siège de l'évêché, dit Dumoulin, « est celui qui a
une plus grande étendue de jurisdiction. Son antiquité est
fort respectable, puisqu'elle se rapporte à saint Eutrope,
qui en a été le fondateur, l'an 95 du salut. La tradition du
pays veut que le pape saint Clément l'y ait envoyé pour
premier évêque. »

Nous pourrions multiplier les citations, et remplir nos
pages de textes empruntés à une foule d'écrivains, qui de
nos jours ont traité la question, et qui tous l'ont résolue
dans le sens de leurs prédécesseurs : M. l'abbé Arbellot,
de Limoges ; l'abbé Darras, de Paris ; Faillon, prêtre
de Saint-Sulpice ; l'abbé Bougaud, de Dijon; dom Cha-
mard, de Ligugé ; dom Piolin, de Solesme ; Rohrbacher, et
autres.

Que peuvent devant cette unanimité quelques divergen-
ces d'auteurs, ou systématiques ou prévenus? et encore
constatons que les quelques écrivains du XVIIe siècle, qui
tout à coup ont rompu avec la tradition ancienne et constante, qui ont combattu la croyance générale, appuyée sur
les monuments les plus respectables, n'ont pas osé s'atta-
quer à saint Eutrope. François de Bosquet, très embarrassé
de l'opinion de Grégoire de Tours, de ce Grégoire de Tours
qui lui fournit ses armes, s'en tire commodément: il suppose qu'un copiste a altéré le passage, et a ajouté le nom de
saint Clément. Launoy, qui ne sait pas la date des églises
de Poitiers, de Bordeaux, etc., ne veut pas de saint Eutrope au premier siècle, parce que Saintes n'a pas pu avoir

un évêque avant les villes voisines. D'autres font remarquer que le mot *fertur*, de Grégoire de Tours, indique un doute ; mais comme ils acceptent ailleurs les mêmes expressions, *fama ferente, ut narrat*, pour la pensée certaine, la croyance entière de l'historien, il faut absolument ou tout rejeter ou tout admettre ; de sorte que si *fama ferente* veut dire une tradition qu'on mentionne sans y ajouter foi, il faudra ne regarder que comme une légende et un fait sans preuve, la venue des premiers missionnaires au IIIe siècle ; et alors on ne peut plus citer l'autorité de Grégoire de Tours.

Non, dirons-nous avec M. Arbellot, « dès qu'une tradition a été admise ainsi, sans contestation depuis l'origine, nous ne reconnaissons pas à la critique moderne le droit de la rejeter ; il faut plus que des conjectures pour répudier des faits admis par une tradition authentique, constante, immémoriale ». Il reste donc parfaitement établi que saint Eutrope a été envoyé en Saintonge par saint Clément, si non par saint Pierre. Aussi l'église de Saintes peut-elle s'appeler véritablement apostolique. « Lorsqu'une église, remontant le cours des âges par une suite non interrompue d'évêques, peut relier le premier anneau de cette longue chaîne au pied de l'arbre de la croix par un de ces témoins oculaires de l'œuvre de notre rédemption, n'a-t-elle pas le droit de s'honorer de ces origines, et ne lui est-il pas permis de s'enorgueillir de son antiquité, la plus auguste assurément, et la plus glorieuse ? C'est là une noblesse que la religion a bénie, que les siècles ont consacrée, et qui ne ressemble en rien à celle qu'il est facile aux rois de conférer en un instant par des titres, des décrets ou des chartes ».

III

ON a raconté que saint Denys, de Paris, avait écrit en grec et envoyé à ses parents en Grèce, par l'intermédiaire du pape Clément, les actes du martyr de l'évêque Santon. Ce fut, rapporte Vincent de Beauvais, d'après le manuscrit de la bibliothèque nationale, ce fut le pape Calixte II, mort en 1124, qui les trouva dans un couvent grec de Constantinople avec d'autres vies de saints, et les fit traduire en latin. Du Saussay a répété cela dans son *Martyrologe*, et saint Antonin de Florence, et dom Jacques Doublet.

Quoiqu'il en soit de ce fait qu'ont rejeté les Bollandistes et le pape Benoît XIV il ne serait peut-être pas bien difficile de trouver des traces de grec dans cette translation latine; et l'on pourrait affirmer que, si l'auteur de ce récit merveilleux ne l'a pas traduit du grec, il savait au moins le grec, généralement ignoré au moyen âge, ce qui ferait remonter ces actes à une assez haute antiquité, jusqu'à l'époque où le grec était encore d'un usage fréquent.

Les exemplaires de cette vie latine d'Eutrope étaient assez nombreux : le père Henschen en connaissait chez Nicolas de Beaufort, dans l'église de Saint-Nicaise de Reims, à Saint-Sauveur et Saint-Martin d'Utrecht; le texte d'ailleurs était conforme à celui du *Speculum historiale* de Vincent de Beauvais. Dom Jacques Doublet en signalait un à l'abbaye de Saint-Denis, d'où il extrayait un passage. Ils sont aussi fort anciens, puisque Hincmar, archevêque de Reims, mort l'an 888, en parle dans sa lettre à Charles le Chauve.

Quand Eutrope entra à Saintes, et qu'il vit cette fière cité ceinte partout de vieilles murailles, ornée de hautes tours, bâtie dans un site magnifique, dans un air pur et sain, vaste, riche, de toutes parts entourée de prairies et de vignobles, avec ses belles rues et de larges places, il se prit à se demander tristement ce qu'il ferait dans un pays qui avait toutes les commodités de la vie, toutes les aises de la richesse, tout l'orgueil de la prospérité, et comment il attirerait à l'humilité, à la pauvreté, à la souffrance, à l'ignominie et à la mort, ces habitants, « *molles Santones* », heureux dans une contrée fertile, dont les dieux faciles et la religion commode n'exigeaient guère qu'un culte extérieur et l'immolation périodique de quelques animaux comestibles, occasion de fêtes et de festins.

Deux cultes alors se disputaient les Santons. Le druidisme n'avait point perdu toute sa force par la défaite suprême de Vercingétorix ; et le paganisme victorieux était loin d'avoir conquis toutes les âmes. A la trinité olympienne et capitoline, Jupiter, Junon, Minerve, répondait la triade gauloise. L'Hercule ou le Mercure celtique n'avait pas moins d'adorateurs que l'Hermès des Hellènes ou l'Hercule des fils de Romulus. Des monuments nous prouvent que les deux religions eurent simultanément à Saintes leurs divinités et leurs autels. Une troisième devait avoir bien de la peine à faire des conquêtes. Mais Eutrope avait pour lui la vérité, force et lumière ; d'ailleurs il ne s'épargnait guère. Le passionnaire nous le montre s'en allant dans les places et les rues, prêchant un Dieu crucifié.

Il ne venait pas, comme saint Paul à Athènes, « avec cette locution rude, avec cette phrase qui sent l'étranger, en cette Grèce polie, la mère des philosophes, et des orateurs » ; au contraire, il venait avec une diction douce, harmonieuse, qui devait plaire à ces populations que la civilisation orientale n'avait pas encore pénétrées ; il parlait de choses étranges dans un langage inusité, qui devait attirer ces Gaulois, avides de nouveautés, et que César nous montre s'attroupant pour écouter les voyageurs. Eutrope n'était pas moins un barbare pour les

Romains ; son langage, on le comprenait dans la Provence, cette province romaine par excellence, moins latine pourtant qu'Hellène, et dans cette cité phocéenne de Marseille, l'Athènes de la Gaule ; mais on ne connaissait pas, sur notre littoral de l'Océan et sur les bords de la Charente, le langage d'Homère et de Platon. Pour les indigènes, s'ils étaient étonnés de ses récits, ils n'étaient pas gagnés à sa doctrine.

Les progrès étaient lents. Son biographe raconte que, fatigué de crier à des sourds, désespéré de voir l'insuccès de ses paroles, — il n'avait converti que dix hommes, — il retourna à Rome peindre à celui qui l'avait envoyé l'inutilité de ses efforts. Le successeur de Pierre le rassura, l'encouragea, lui promit le succès, et le renvoya chez ces populations, aujourd'hui réfractaires, demain dociles et dévouées.

Il reprit donc de Rome sa route vers les Alpes. Cette fois, il avait pour compagnon ce Denis, un autre Grec, un compatriote d'Athènes, ce sénateur de l'Aréopage, que Paul avait converti à la doctrine du Galiléen, et qui, le premier dans cette patrie des divinités souriantes, écloses dans l'imagination et les chants des poètes, avait cru à ce Dieu inconnu qu'annonçait un barbare.

Le bénédictin Jacques Doublet a précieusement recueilli, dans son *Histoire de l'abbaye de Saint-Denys*, les textes des légendaires et bréviaires des églises, les extraits des divers auteurs qui parlent de saint Eutrope comme compagnon de saint Denis : Notre-Dame de Paris et l'abbaye de Saint-Denis, Langres et Nevers, Senlis et Noyon ; et forçant même un peu la note en l'honneur de sa paroisse, il a fait « saint Eutrope disciple de saint Denys l'aréopagite. »

Tous deux, et ceux que Clément envoyaient avec eux, s'avançaient sur la voie romaine que l'empire avait créée pour les armées du César tout puissant, et qui portait maintenant partout les missionnaires de la paix, les soldats d'un Juif obscur mis en croix. Ils se séparèrent à Arles selon les uns ; selon d'autres, et c'était la tradition de l'abbaye de Saint-Denys en France, ils allèrent jusqu'à Auxerre ; sans doute prêchant le long de la route, s'arrêtant où on les écoutait.

Est-ce en souvenir de ce séjour possible à Auxerre que la ville métropolitaine, Sens, a représenté dans les splendides vitraux de sa cathédrale toute la légende d'Eutrope, œuvre capitale du grand peintre verrier Jean Cousin ? « 1° Comment saint Eutrope print congé de son père, roy en Babylone, et vint avec autres princes voir Hérode ; 2° Comment saint Eutrope estant avec les gentils s'informa pour savoir quel était le Sauveur ; 3° Comment saint Eutrope estoit des cinq mille que notre seigneur nourrit avec cinq pains et deux poissons ; 4° Comment saint Eutrope, son père, sa mère, son peuple furent baptisés par saint Simon et saint Jude ; 5° Comment saint Eutrope fut par saint Clément, pape, consacré évêque de Saintes ; 6° Comment saint Eutrope, preschant au peuple, convertit Eustelle à la foi catholique ; 7° Comment le seigneur de Xaintes, pour la conversion de sa fille et du peuple, fit martyrer saint Eutrope. »

Les deux disciples de Clément se séparèrent en s'embrassant et en pleurant. Prévoyaient-ils le sort qui les attendait et que le pontife romain leur avait fait voir, dirais-je espérer ? Denys se dirigea vers les rives de la Seine, vers cette montagne de Lutèce, qui depuis sa passion a pris le nom de Mont des martyrs, Montmartre. Eutrope revint, plein d'ardeur et de confiance, vers ses chers Santons que son sang allait enfanter à la foi. Et il s'écriait : « Seigneur, viens à mon aide ; je ne craindrai rien. Les méchants peuvent tuer le corps ; ils sont impuissants sur l'âme. L'homme doit tout sacrifier pour sauver son âme. » Il pénétra plein de fermeté dans cette ville, qui allait être la sienne.

C'était un novateur, il devait être incompris ; il annonçait la vérité, il devait être persécuté ; il priait et louait Dieu, il devait être expulsé, puis mis à mort. On commença par l'assaillir de pierres, de le poursuivre avec des torches, et de le frapper de bâtons. La canaille ameutée le força de quitter la ville ; la cité inhospitalière lui élèvera plus tard un temple ; et bientôt on implorera comme une faveur insigne quelques parcelles des reliques de ce vanu-pieds, sobre, chaste et pieux, indigne alors de respirer près des temples de Jupiter époux modèle, et de la pudique Vénus. La ville le rejetait ; il chercha les faubourgs. Les riches, les bourgeois, les commerçants le proscrivaient ; il se réfugia chez les manouvriers, les indigents, les gens de la plèbe.

Saintes aujourd'hui est en grande partie bâtie sur les flancs de trois légères collines, dont la Charente baigne les pieds, et séparées deux par une courte vallée, assez étroite,

où se dresse l'amphithéâtre. La ville romaine, la ville gauloise, s'étendait sur le plateau, où la pioche à chaque coup
la rencontre. C'est sur la colline la plus éloignée, la moins
bien habitée, qu'il se retira. On n'y a guère trouvé que des
sépultures, le vaste tombeau d'une riche femme romaine
dont les objets de toilette sont au musée de Saint-Germain, des urnes funéraires en grand nombre, remplies
d'ossements calcinés, et même en 1878, dans un champ,
sur le penchant, des squelettes dont les jambes sont encore
garnies de fers, de chaînes, d'anneaux rivés; l'un avait un
carcan; esclaves, criminels ou chrétiens, gibier de potence
ou victimes des jeux de l'arène.

Sur la colline opposée s'étagent les habitations luxueu-
ses, les demeures opulentes, les villas, dont on connaît les
fondations, dont on montre les mosaïques. Dans la vallée
qui les sépare, est l'amphithéâtre, les jeux et les plaisirs.
C'est en face du coteau mondain, bruyant, joyeux, au-
dessus de ces gradins où s'asseyaient une foule avide de
spectacles immondes et sanglants, c'est parmi la population pauvre et grossière du faubourg d'une grande ville,
vivant près des cimetières écartés, que devait habiter le
disciple de celui qui disait : « Malheur à vous qui êtes
pleins et satisfaits ; malheur à vous qui riez, » ou bien
encore : « Heureux les pauvres ! heureux ceux qui souffrent
persécution ! »

Il passa là des années, la nuit retiré dans une cabane
in tugurio, veillant, priant, pleurant ; le jour allant et
venant dans la ville, actif, énergique, sans peur, se mêlant
aux groupes, causant avec les ouvriers familièrement, leur

ouvrant les yeux, et leur découvrant la vérité ; il leur redisait ce qu'il avait vu ; peut-être leur racontait-il, suivant la légende, qu'il avait lui-même assisté à la multiplication des cinq pains, qu'il avait lui-même jeté des fleurs et des feuillages sous les pieds du Sauveur, et crié : « Hosanna au fils de David ! » Il disait aussi les prodiges du Christ : morts ressuscités, lépreux guéris, sourds qui entendent, aveugles qui voient; puis ses souffrances ses douleurs et ses humiliations, sa mort infâmante, puis, sa résurrection glorieuse ; il exposait sa doctrine toute d'amour, de concorde et de paix ; il répétait la parole du maître : « Aimez-vous les uns les autres; faites à autrui ce que vous voudriez qu'on vous fît. Soyez humbles, patients, charitables; secourez-vous; ayez compassion des affligés, pitié des misérables ; donnez votre pain aux affamés, votre habit aux déguenillés ; aimez-vous les uns les autres. Il n'y a plus ni juif ni grec ; il n'y a plus de distinction entre l'esclave et le citoyen, entre l'homme et la femme, entre le pauvre et le riche. » On se groupait pour écouter ces bizarreries, qui blessaient les oreilles mais charmaient les cœurs.

IV

A Rome, Pierre et Paul avaient fait leurs premiers adeptes parmi les pêcheurs du Tibre, les gagne-petit du Transteverre et les foulons de Suburra ; ensuite, presque sans transition, dans les familles patriciennes, chez les fils des Scipions et les descendants des Metellus ; jusque dans le palais des Césars, Flavia Domitilla, Cæcilia ; les uns étaient des âmes naïves et neuves, des pauvres d'esprit si l'on veut, que le sophisme n'avait point gâtées et qui ne se servaient pas de leur raison pour déraisonner ; les autres, des intelligences supérieures et droites qui voyaient et qui n'ergotaient pas devant l'évidence.

A Saintes, les premiers prosélytes furent les maraîchers du faubourg appelé depuis Saint-Pallais, les corroyeurs des Monards, les mégissiers de la Grand-Font. Mais ce ne ne furent pas les seuls.

Il se trouva aussi une jeune fille d'une noble naissance et d'une éducation distinguée, fille du gouverneur de Saintes, légat ou propréteur, dont les hagiographes ont fait un roi, plus vraisemblablement un chef gaulois, qui avait accepté un commandement des Romains.

Eustelle est d'abord attirée par la curiosité. C'est un étranger, un grec, au langage harmonieux ; on le dit de noble et puissante race, descendant de souverains illustres ; il a sacrifié, dans la fleur de la jeunesse, les richesses, le pouvoir, le trône ; il a abandonné sa patrie, ses amis, ses parents. Elle veut l'entendre. Sa parole est douce ; elle est émue ; il parle de choses étonnantes ; il enseigne une doctrine choquante et sublime, qui heurte les sens et ravit l'âme. La jeune gauloise, émerveillée de cet enseignement, est séduite ; elle croit à Eutrope et au maître qu'il prêche ; elle est chrétienne. Elle est baptisée et reçoit au baptême le nom d'Eustelle, grec comme celui d'Eutrope.

Alors se passa un drame terrible. Le père, fonctionnaire public, tenait à sa place, aux honneurs, et au traitement qu'elle lui valait. S'il allait déplaire à l'empereur ! Si quelque envieux, pour le supplanter, allait le dénoncer comme favorisant ses ennemis, comme entretenant dans sa maison un foyer de rebellion ! Peut-être aussi, récemment gagné à la politique romaine, avait-il à se faire pardonner une ancienne opposition. La frayeur le prit, il chassa sa fille. Elle obéit, et s'établit près de la cabane d'Eutrope, pour mieux être à portée d'entendre ses leçons. Ce n’était pas assez. Le père accusa l’étranger de lui pervertir son enfant. Double crime. Aussi, dans un moment de colère, il fait venir quelques gens de sac et de corde, les excite par ses paroles, et leur distribue cent cinquante livres : il faut qu’ils le débarrassent de cet homme odieux.

Aussitôt, ameutant sur leur passage la foule toujours prête à crier, à frapper, à tuer, surtout les ennemis de l’état, ces chrétiens, ils courent à l’habitation d’Eutrope. Ils commencent par lui jeter des pierres ; les populaces, toujours lâches, se mettent deux mille pour frapper un, et ne l’achèvent que lorsque la victime est à terre. Les coups de bâton pleuvent sur ce malheureux ; des cordes plombées déchirent sa chair nue. Les agresseurs ont pris ce qu’ils avaient sous la main, pioches et aiscées, *asciis ;* c’est à qui frappera le mieux, et chacun veut être à la fête. Quand l’infortuné sera mort, personne ne l’aura tué. Enfin une hache assenée lui ouvre la tête. Son crâne, pieusement conservé, miraculeusement échappé aux dévastations systématiques, garde la marque de l’instrument ; et une fracture de douze centimètres atteste encore la vérité du récit de l’historien.

Leur œuvre accomplie, leur argent gagné et leur haine assouvie, les assassins partent.

Le cadavre resta là. La frayeur glaçait les cœurs ; on n’osait ensevelir le martyr : c’eut été se déclarer chrétien. Une femme eut ce courage, une jeune fille, Eustelle, avec quelques fidèles, releva le corps du saint, fit la veillée funèbre, et lui donna la sépulture dans son jardin, suivant un antique usage, κοιμητήριον. Tout le temps de sa vie, elle conserva le souvenir de son père spirituel, et lui rendit des devoirs pieux.

André du Saussay, évêque de Toul, dans son *Martyrologe gallican* qu'il composa par ordre de Louis XIII, dont il était le confesseur ordinaire, a raconté les divers incidents de la vie de la jeune fille, si énergique dans sa foi, si sublime dans son dévouement au vieillard.

En vain avait-on espéré qu'Eutrope mort, elle renoncerait à sa religion ; en vain lui offrit-on les mariages les plus brillants. Elle dédaigna tout pour rester fidèle à la mémoire de celui qui l'avait engendrée à la foi, et qui l'avait créée chrétienne. La tradition de l'église de Saintes est qu'elle eut le sort d'Eutrope, et qu'elle tomba comme lui sous la hache des persécuteurs ; quelques uns même ont raconté que c'était son père lui-même qui, irrité de cette apostasie, transporté de fureur, avait châtié par la mort sa criminelle obstination. « Selon la commune tradition des églises de France, raconte le *Traité de la dévotion aux saints du diocèse de Bordeaux* (1721), saint Eutrope fut ordonné à Rome par saint Clément, pape, et envoyé dans les Gaules pour y prêcher l'évangile. Il s'arrêta dans la Saintonge. Il convertit et baptisa la fille d'un des principaux seigneurs du pays, nommée Estelle. Elle n'avait que treize ans lorsqu'elle embrassa la religion chrétienne. Exilée et chassée honteusement de la maison paternelle, elle vécut dans une solitude assez proche de Saintes, dans la pratique d'une oraison continuelle et des vertus les plus austères. Son père, ne pouvant la fléchir ni lui persuader de retourner au culte des idoles, fut assez barbare et assez inhumain pour lui trancher lui-même la tête. » On l'honore comme vierge et martyre.

Toutefois l'auteur de *La vie du glorieux martyr de Iésus-Christ, S. Eutrope*, chapitre XVI, n'admet pas que lui-même y mit la main. « Le vieux bréviaire de Saintonge luy donne le tiltre de vierge et martyre et en met la feste le 21 de may ; toutesfois il ne dit aultre chose de sa mort si ce n'est qu'ayant mesprisé les plaisirs et honneurs du monde, en souffrit une mort très glorieuse et fut ensevelie joignant le sépulcre de S. Eutrope. Pourroit bien estre que son père, voyant que ny par prières ny par menaces il ne pourroit destourner sa fille de la religion chrétienne, et de la promesse qu'elle avoit faite à Dieu de garder entière et sans flétrissure la fleur de sa virginité, se seroit tellement irrité, qu'oubliant toute affection naturelle, il auroit trempé ses mains dans le sang innocent de sa très sainte fille, comme fit Dioscore, père de S. Barbe, qui trancha la teste à sa fille pour n'avoir voulu suivre son impiété et renoncer à Jésus-Christ. Non qu'il soit à croire que le père de S. Eustelle fut si desnaturé que d'en faire luy mesme l'exécution (aussi le bréviaire ne signifie rien de tel), mais que par son commandement on la fit mourir.

Le corps d'Eustelle fut, selon son désir, mis près du corps d'Eutrope. Leurs ossements reposent dans le même tombeau, et la piété des fidèles n'a jamais séparé ces deux noms : Eutrope, Eustelle. Unis pendant la vie dans la foi, ils l'ont été après leur mort dans la tombe ; ils le sont

encore dans la mémoire et la vénération des popula-
ti ons.

En 1876, à la demande du vénérable curé de la paroisse, une cérémonie splendide, ordonnée par Mgr
Thomas, évêque de La Rochelle et Saintes, et pré-
sidée par le cardinal Donnet, archevêque de Bordeaux,
qu'accompagnaient les évêques de Troyes, Mgr Pierre-Marie
Cortet, ancien vicaire général de La Rochelle, et d'Angoulême, Mgr Alexandre-Léopold Sebaux, qui a dans son
diocèse une partie du diocèse d'Eutrope, renouvela, au
milieu d'un concours immense du peuple, avec processions, chants composés pour la circonstance, le culte particulier de sainte Eustelle, dont la fête (21 mai), aujour-
d'hui du rit double majeur pour le diocèse, et de seconde
classe pour la paroisse, a été, par un indult de Pie IX
(3 août 1876), qu'avait sollicité M. François Cazabant, fixée
régulièrement, en souvenir de 1876, au dimanche dans
l'octave de l'ascension. Le 20 mai, l'évêque d'Angoulême consacra à Dieu, sous le vocable de sainte Eustelle,
la chapelle des religieuses de Sainte-Marie de la Providence, presque entièrement rebâtie, et fort artistement,
par M. Rullier, architecte. A la cathédrale de La Rochelle, Mgr Thomas venait de lui dédier une chapelle,
décorée avec amour par les jeunes filles de la ville épis-
copale. Mais elle devait avoir un temple à elle dans la
cité où elle avait vécu ; et, par une heureuse pensée, sur
la colline même où elle était née. En effet, « d'après une
opinion que la science n'a point contredite, là même est
l'emplacement sur lequel s'élevait, au temps de la domi-
nation romaine, le palais du représentant des Césars ».

Pour cette solennité destinée à raviver le culte d'Eustelle, l'église d'Eutrope se revêtit d'une parure nouvelle. Au chœur sont appendues des banderolles portant les écussons des villes ou des provinces qui ont une vénération spéciale pour le saint : Saintes, la Saintonge, l'Aunis, l'Angoumois, l'Aquitaine, la Normandie, Bordeaux, Moulins, Béziers, Clermont, Ebreuil, Orange, Sens, Vendôme, etc. D'autres banderolles, attachées aux piliers de la nef, reproduisent les armes des anciens prieurs : les Pons, les Rochechouart, Louis de Villars, Seranges de Laillier, Odon de La Baume de Montrevel de Saint-Amour, Jean Grany, Jean de Vérulle, Jean de Refuge, Philippe de Cossé, Jacques Olivier, frère du chancelier, Pierre de La Place, Thomas de Dreux, les du Caurroy, les d'Aubourg, et le dernier, Dominique de Lastic. Ces hommes, qui avaient dirigé le monastère depuis le XIIe siècle, semblaient ainsi revivre et unir les gloires du passé au triomphe du présent.

Le vénérable métropolitain, reçu à Saintes avec tous les honneurs dus à son caractère, à son âge, à ses mérites, chanta, le 21, la messe sur un autel dressé au milieu des arènes, témoin du martyre d'Eustelle et d'Eutrope ; et la foule qui garnissait les gradins de l'amphithéâtre romain, pieuse et recueillie, glorifiait par ses prières et ses chants les persécutés d'alors, les victimes de l'intolérance, les premiers inscrits sur ce long martyrologe où le fanatisme n'a pas encore mis le mot fin. La poésie a célébré le nom d'Eustelle :

Quand vous foulez, cherchant la fleur nouvelle,
Des vieux Santons le cirque abandonné,

Avez-vous vu sur vous planer Eustelle,
La palme en main, et le front couronné ?
Avez-vous vu son céleste sourire,
De son regard compris l'appel si doux ?
Ah ! dans ces lieux témoins de son martyre,
Essaims d'enfants, vers elle accourez tous.

Elle est au pied de cette vaste enceinte,
Où l'attendait un peuple frémissant...
Là sous le fer tombe la jeune sainte,
Et l'eau jaillit, mêlée avec son sang.
C'est la fontaine où son nom vous attire,
Où le chrétien vient puiser à genoux...
Ah ! dans ces lieux témoins de son martyre,
Essaims d'enfants, vers elle accourez tous.

En 1885, une grande association poétique et littéraire du midi de la France, choisissait pour sa patronne sainte Eustelle, dont le nom grec, comme celui d'Eutrope, dont la fin touchante, les sentiments de piété filiale envers l'apôtre des Santons, évoquent de si doux et de si touchants souvenirs.

V·

LA foi, semée dans le vieux sol Santon, au milieu des tu-
mulus et des dolmens, des camps de l'époque préhisto-
rique et des constructions gallo-romaines, germa et fruc-
tifia. Quelle longue liste de saints donna l'église de Saintes !
D'abord les successeurs d'Eutrope : saint Ambroise au ve
siècle, saint Vivien, célébré par saint Grégoire de Tours,
saint Concorde, saint Froult, saint Dizant, saint Mathan,
saint Trojan, saint Pallais, saint Léonce, saint Léger, peut-
être saint Aignan ; puis ceux qui sont nés ou ont vécu
sur le territoire fécondé par son sang : saint Martin, et
saint Eutrope, abbés, disciples de saint Martin de Tours ;
saint Léonce, né à Saintes, évêque de Bordeaux, qui con-

8

struisit une église à saint Eutrope ; saint Saloine et saint Vaize, martyrs ; saint Vincent, peut-être disciple d'Eutrope et premier évêque de Dax, etc.

Toutefois la floraison fut lente, et ce n'est pas en quelques mois, en quelques années même, que la plante, arrosée des sueurs et du sang du missionnaire, put étendre au loin ses branches vigoureuses. La communauté chrétienne d'Eutrope, sinon dissoute ou dispersée après sa mort, du moins fort éprouvée et privée de pasteur, peut-être diminuée par la peur, l'indifférence, l'apostasie, était réduite à l'impuissance, et n'avait pu honorer dignement ses ancêtres dans la foi. Et peu à peu, quand un signe apparent n'est pas là pour évoquer les souvenirs et raviver la pensée, tout en conservant fidèlement la mémoire d'Eutrope, tout en l'invoquant comme un père, on laisse le temps effacer bien des détails de sa vie et de sa mort. Sa renommée, oserais-je le dire ? subit une éclipse dans ces siècles obscurs de transformation sociale et religieuse. Et il n'y a rien d'étonnant. Pendant les premiers temps, les chrétiens obligés de se cacher, traqués, mis à mort, n'avaient pas d'édifices qui attirassent les regards. Des maisons particulières servaient d'oratoire ; des grottes souterraines, des cryptes, recevaient les corps des martyrs. Eutrope n'eut donc pas tout d'abord un temple. Les documents écrits ne lui trouvent même de successeur comme évêque qu'au ve siècle ; et ce long interrègne, si l'on pouvait se fonder uniquement sur l'absence de textes, prouverait peut-être que l'évangile prêché par les apôtres eux-mêmes ou leurs disciples et immédiatement répandu sur la surface du globe entier, ne se maintint pas partout avec l'ardeur première ou bien que les persécutions réussirent à étouffer en quelques endroits la foi dans le sang. Un jour vint où la flamme longtemps contenue fit enfin explosion, couvrit de clartés bienfaisantes la Gaule ravie, et fit du coup disparaître à jamais dans l'ombre du néant les idoles sans prêtres et sans adorateurs. Constantin régnait.

Le christianisme sortit des catacombes; le culte qui se cachait dans les maisons des nouveaux convertis se célébra au grand jour ; et les morts enfouis dans les grottes, dans des caves, dans des cryptes, apparurent triomphants à la lumière. Un temple s'éleva alors pour le martyr santon au nom de la sainte Trinité. En quel lieu ? Dom Estiennot soupçonnait que c'était près de la Grand-Font, au midi, dans la vallée. Hypothèse toute gratuite. Il est plus probable qu'on tint à le mettre sur la colline, à l'endroit où s'élève le monument actuel. Est-ce que le puits de 60 pieds d'eau qu'il renferme, alimenté par une source vive, n'aurait pas été cette fontaine qu'on aura tenu à conserver dans le lieu saint ?

C'était sans doute un édifice de bois, comme ceux qu'on construisait alors rapidement et à peu de frais ; il ne durait que ce qu'il avait coûté. Saint Léonce, de Saintes, qui bâtit tant d'églises à Bordeaux, à Saintes et ailleurs, trouva presque ruinée l'église d'Eutrope; les murailles ne supportaient plus que des poutres découvertes ; la toiture s'était affaissée sous l'action de la pluie. Léonce, raconte Fortunat, reçut d'un ange en songe l'ordre de rétablir l'édifice.

Il avait déjà en sa qualité de métropolitain, achevé

l'église commencée pour saint Vivien par Eusèbe et continuée par Eumerius, évêques de Saintes, et l'avait magnifiquement décorée. Il se mit à l'œuvre pour saint Eutrope. Une basilique se dressa vers le ciel, dont la poésie a célébré la magnificence. Le dessous des combles est orné d'un lambris sculpté, et des marqueteries de bois remplacent les peintures. Sur les murs sont représentés divers personnages ; et là où il n'y avait pas de toit, on voit briller l'éclat des couleurs. Ainsi reflorissait la vieillesse, ainsi rajeunissait l'antiquité, comme le chantait enthousiasmé le poète de cette époque.

Toutefois, pour splendide qu'elle fût et malgré tout l'intérêt qu'offrirait aujourd'hui ce spécimen de décoration mérovingienne, ce n'était, comme l'indiquent les mots *reparas, instaurator, ætas juvenescit, renovata vetustas,* qu'une réparation. L'édifice devait périr, ou parce qu'il était trop vieux, ou parce qu'il était insuffisant.

Vint saint Pallais (573-597). C'était un Auvergnat actif, ardent ; il ne ménageait pas sa peine, et fut un grand logeur du bon Dieu. Il bâtit une église au grand thaumaturge des Gaules, saint Martin, dont son ami Grégoire de Tours lui avait donné des reliques ; une chapelle à un autre saint Martin, abbé à Saintes ; un monastère et une église à saint Vaize, près de Saintes, sur les bords de la Charente ; aux apôtres Pierre et Paul, et aux martyrs Laurent et Pancrace une basilique avec treize autels pour quatre desquels le pape saint Grégoire le Grand lui envoya des reliques ; il ne pouvait oublier son prédécesseur ; il se mit à l'œuvre. Un monument remarquable, « miro opere constructa », se dresse en l'honneur d'Eutrope sur la colline elle-même qui gardait son corps. Pallais, pour faire la translation, dut vérifier l'authenticité de ses restes. On ouvre le sarcophage, et sur le crâne on constate un coup de hache. Il n'y avait plus de doute : ces ossements, vénérés là depuis quatre cents ans et plus, étaient bien ceux du martyr : et l'historien raconte que la nuit suivante deux abbés qui avaient assisté Pallais eurent une vision : Eutrope leur apparut et leur dit : « Cette cicatrice que vous avez vue sur ma tête, c'est le coup qui m'a fait martyr ».

Les ossements étaient contenus dans une capse de plomb, plus courte qu'un corps d'homme, ce qui prouve qu'on avait mis là un cadavre, dépouillé après un séjour dans le sol. Les chrétiens, qui avaient les premiers recueilli Eutrope pour lui donner une sépulture décente, avaient aussi ramassé la terre qui l'enveloppait. Cette terre, qui avait touché les os du saint, était elle même une relique, *pignora*, comme le vêtement, ou même l'huile de la lampe qui avait brûlé sur le tombeau. Cette capse avait enfermé le tout, y compris le corps d'Eustelle ; Pallais respecta la couche de terre, où se trouvait un petit fragment de l'os d'un crâne ; la boîte de plomb, déjà un peu usée, fut rapiécée en plusieurs endroits ; puis il replaça le dépôt précieux dans le bloc de pierre où il dormait depuis plusieurs siècles. Cette translation, probablement la seconde, quoiqu'on la compte comme la première, fut faite en grande solennité.

Saint Pallais ne se contenta pas de l'église ; il bâtit encore un monastère pour la desservir et il le dédia à saint Etienne et à saint Eutrope. On voit assez souvent ces deux saints associés ainsi, certainement à cause de leur martyre. A Sens, l'église cathédrale qui a sur ses vitraux toute la légende de saint Eutrope, a pour patron saint Etienne ; et l'église Saint-Eutrope à Clermont-Ferrand avait d'abord été consacrée à saint Etienne.

Puis l'avalanche du Nord fondit sur nos contrées. La trombe dévasta tout.

Le prieuré de l'île d'Aix est brûlé en 844. Les Normands remontent la Charente, et incendient Angoulême, Limoges, Bordeaux, Toulouse. L'année suivante, c'est le tour de Saint-Martin de Ré ; en 846, Seguin, duc de Gascogne, qui leur avait énergiquement résisté, est tué ; et ils purent impunément porter partout la torche et le fer, le pillage, l'incendie et la mort. Saintes est brûlé, et le monastère de Saint-Eutrope. De 846 à 857, tout le pays est horriblement dévasté. En 863, Turpion, comte d'Angoulême, périt dans une grande bataille près de Saintes ; et la ville est encore saccagée. Chaque année, ils revenaient et pillaient. « En Auvergne, en Saintonge, dit un chroniqueur, il ne restait pas pierre sur pierre ; Angoulême et Limoges n'avaient plus un seul édifice debout ». On avait pu, à l'approche des farouches destructeurs, cacher les trésors des églises, c'est-à-dire les corps saints : à Saint-Pierre de Saintes, au chapitre près de l'église ; à Saint-Vivien, en un puits dans l'église le corps de saint Vivien, et celui de saint Saloine en terre très profondément ; à Saint-Macoux, sous l'autel, des ossements de saint Macoux, dont un bras fut transporté à Merpins ; à Tallemont, un bras de sainte Radegonde ; en un puits de l'église de Saujon, saint Martin et saint Aleu ; à Saint-Séverin près d'Aunay, sous l'autel les reliques de saint Séverin ; à Saint-Jean d'Angély, entre l'autel de saint Jean et celui de saint Luc, etc. Le tombeau d'Eutrope reste intact. Défaits en 865 dans un grand combat, près de Châteauneuf, sur la Charente, les hommes du Nord ne reparaissent plus en nos contrées. Mais la Saintonge ne demeure pas longtemps en paix. En 1026, Saintes fut encore mise à feu et à sang ; Saint-Eutrope, sans doute comme la cathédrale de Saint-Pierre, resta désert et n'eut plus les cérémonies du culte. Les comtes d'Anjou et de Poitou se disputaient la Saintonge ; et la ville était le théâtre de leurs rivalités armées. Saintes est incendiée en 1030, de nouveau brûlée en 1062, par Guy-Geoffroy, comte de Poitiers.

En 1055, les sires de Pons pillèrent l'église et les titres, dévastation qui explique encore la rareté des documents ; et pour ces méfaits ils furent condamnés à mort.

Dans ces guerres, au milieu de ces troubles et de ces ravages, les biens de l'église Saint-Eutrope, les bâtiments des monastères étaient devenus la propriété de ceux qui avaient bien voulu s'en emparer. Calon, vicomte d'Aunay, avait un droit sur l'église. Bâtiments ruinés, religieux dispersés, propriétés usurpées, telle était la situation.

Guy Geoffroy, dit Guillaume VII, comte du Poitou et duc de Guyenne (1058-1086), voulut apporter quelque remède au mal. D'abord il arracha le monastère, l'église et les dépendances des mains usurpatrices. C'était un puissant prince, et dans ces temps de guerres continuelles, peut-être sa vie n'avait-elle pas été toujours exempte de fautes, violences ou rapines. Au moins songea-t-il à les réparer un peu. Il donna à Saint-Vivien l'église Saint-

Saloine, qu'il avait enlevée pareillement aux profanations, et tous ses droits sur les coteaux de Saint-Vivien et de Saint-Saloine.

Puis il alla à Bordeaux, le 14 octobre 1079, trouver Amat, évêque d'Oloron, légat du pape Grégoire VII, et son collègue, Hugues, évêque de Die, qui présidaient le concile ; et là, sur les conseils de Boson, évêque de Saintes, il offrit, pour la rémission de ses péchés et le salut de son âme, d'établir des religieux à Saintes dans l'église où reposait saint Eutrope. Tous approuvèrent et louèrent ce beau dessein, les deux légats, l'évêque de Saintes qui renonça à tout droit sur le monastère futur ; l'archidiacre de Saintonge, Geoffroy Nebodets ; Ramnulfe, et autres chanoines ; puis Josselin de Parthenay, archevêque de Bordeaux, Adhémar, évêque d'Angoulême, Raimond, évêque de Bazas, Pierre, évêque d'Aire, Oddon, abbé de Saint-Jean d'Angély, et bien d'autres. La pièce, très importante qui contient ces détails, a été extraite du cartulaire de Saint-Eutrope par Besly qui l'a publiée. On se mit à l'œuvre, on répara, on construisit ; quatorze mois après, tout était prêt. Le duc mit donc les religieux dans le nouveau monastère. Mais pour que la spoliation ne pût se renouveler, il avait choisi un ordre fort et florissant déjà, Cluny. Il voulut aussi que l'acte de donation fut entouré de toute la solennité convenable et que le contrat fût signé de personnes capables de faire respecter leur signature.

Les légats du pape tenaient alors un concile à Saintes. Guillaume VII, le 10 janvier 1081, sous le règne de Philippe Ier, roi de France, et de Henri VII, empereur d'Allemagne et d'Italie, sous le pontificat de Grégoire VII, en présence et sur le conseil de deux légats du saint siège, Amat d'Oloron et Hugue de Die, d'Adhémar, abbé de Limoges, d'Oddon, abbé de Saint-Jean d'Angély, de Seguin, abbé de La Chaise-Dieu, de Raynaud, abbé de Saint-Cyprien de Poitiers, en présence aussi de Calon, vicomte d'Aunay, de Robert de Bourgogne, Guillaume Le Bastard, et d'une foule d'autres personnes, laïques ou religieuses : dom Teuzon, de la maison du pape ; dom Guy, moine de La Chaise-Dieu et frère du comte de Nevers, etc., Guillaume VII donna solennellement et irrévocablement, avec la permission de l'évêque et du chapelain de Saintes, à Saint-Pierre de Cluny, représenté par Hugues, abbé de ce monastère, l'église de Saint-Eutrope, célèbre par le corps du bienheureux martyr, afin que par lui et ses successeurs le service de Dieu fût continué à jamais, sans aucune charge, sauf un revenu de cinq sols et l'hommage à l'église-mère. La donation fut confirmée par les légats, acceptée par l'abbé de Cluny et signée par les témoins.

Les Clunistes s'établirent donc à Saint-Eutrope en 1081 ; et depuis cette époque, sauf à deux courts intervalles, ils ont toujours veillé sur ce tombeau, confié ainsi à leur garde. Aux bénédictins, supprimés en 1791, ont succédé, en 1871, les prêtres de la congrégation de la mission, et ces fils de saint Vincent de Paul, qui sont venus à Saintes se fixer dès l'année 1634, en même temps qu'ils gardent les restes d'Eutrope, continuent au XIXe siècle, dans les campagnes de la Saintonge, l'œuvre du missionnaire du Ier. C'est à leur actif et vénérable supérieur, M. François Cazabant, que sont dus les nombreux embellissements de notre antique édifice : dallage de l'église et d'une partie de la crypte en 1874 ; niches du chœur complétées en 1872 ; vitraux représentant : saint Louis, vainqueur à Taillebourg et à Saintes; saint Vincent de Paul, fondateur de la congrégation de la mission ; sainte Eustelle ; sainte Gemme, et les patrons de diverses églises de Saintes ou des environs, aujourd'hui disparues, saint Macoux ou Malo, saint Vaize, saint Saloine, mais dont il importait de perpétuer le nom. Le zèle des nouveaux chapelains, à côté des améliorations matérielles, ne négligeait pas les faveurs spirituelles ; et après plusieurs indulgences plénières obtenues en faveur des pieux visiteurs du tombeau, ils viennent, appuyés par Msgr Ardin, évêque de La Rochelle et Saintes, d'obtenir de Léon XIII l'érection de l'église en basilique mineure, avec agrégation à Sainte-Marie Majeure, privilège exceptionnel, titre précieux, justement envié dans toute la catholicité.

VI

Les bénédictins trouvèrent les bâtiments insuffisants. La crypte était trop étroite pour la foule qui accourait de toutes parts, d'ailleurs mal construite, et obscure à ne s'y pas voir. Ils entreprirent non pas d'agrandir l'ancienne, mais d'en faire une nouvelle. Ils confièrent le travail à un architecte, dont le moine de Saint-Cybard nous a conservé le nom, Benoît. Et l'on vit une tout autre crypte, large et vaste, bien éclairée par des fenêtres ouvertes partout, construite avec un soin attentif, s'élever dans un lieu admirable et portant sur elle une autre église aussi belle.

La vaste et magnifique crypte de Saint-Eutrope, « un

des exemples les plus purs de l'architecture du XIIe siècle
en Saintonge », a dit un maître en archéologie, Viollet-le-
Duc, est longue de 36 mètres, large de 13^{m}85, et a de
hauteur, depuis le rocher qui sert d'aire jusqu'à la naissance de la voûte, 2^{m}27 et 5^{m}45 sous clef. Elle est sans
contredit l'une des mieux conservées et des plus complètes
que nous ayons en France. « Deux rangées de piliers, sup-
portant des arcades cintrées très surélevées, la partagent, en
trois nefs d'égale hauteur. Ces piliers se composent de
faisceaux de colonnes accouplées (huit colonnes par pilier
dans la partie antérieure de la crypte, quatre au rond-
point), que surmontent des chapiteaux fantastiques du
même style et de la même exécution que ceux de la nef
d'en haut. Du côté du midi, on retrouve à la base des
piliers le tambour circulaire déjà signalé dans l'église supérieure ; les piliers du côté du nord en sont dépourvus.
Les voûtes des trois nefs, d'une extrême grossièreté de
construction, sont en arête et soutenues, à chacune des
quatre travées de la crypte, par un gros boudin ogival
sans moulures. Ces voûtes datent de la fin du douzième ou
peut-être même du commencement du treizième siècle.
Les murs des collatéraux n'appartiennent pas plus que les
voûtes à la construction primitive : à en juger par l'ornementation, toute végétale, des chapiteaux des colonnes
engagées qui les décorent, on peut affirmer que le mur
du nord a été refait au treizième siècle, et celui du sud au
siècle suivant. Les trois chapelles absidales sont bâties en
cul-de-four. La grande arcade d'ouverture de la chapelle
centrale est cintrée, les arcades des deux autres chapelles,
au contraire, sont ogivales, et datent vraisemblablement du

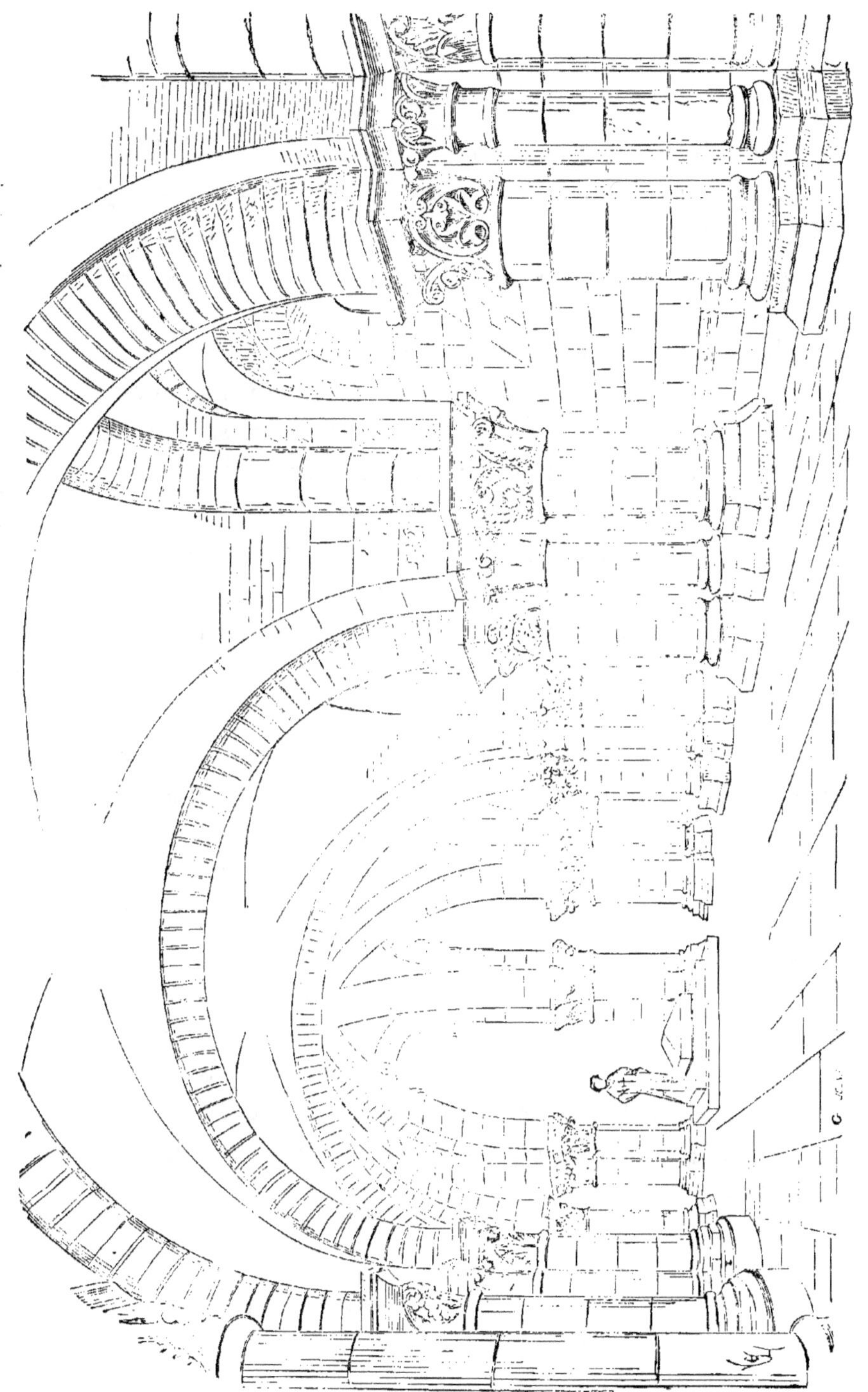

treizième siècle, comme on peut l'inférer de la similitude complète du boudin qui en forme l'amortissement avec celui qui dessine les arcs de la voûte. De même que l'église supérieure, la crypte est précédée d'un long narthex où se trouve cette particularité que la voûte en berceau et à arcs doubleaux qui le couvre est perpendiculaire à l'axe de la crypte, ce qui donne aux deux voûtes réunies la forme d'un T. Les gros murs seuls du narthex appartiennent à la construction de 1096 : tout le reste, piliers, arcades, voûtes, a été refait à la fin du quinzième siècle, de 1460 à 1465, ainsi que l'attestent deux inscriptions en caractères gothiques gravées sur les deux premiers piliers. »

Les absidioles des nefs latérales qui font saillie extérieurement au nord et au sud, voûtées en cul-de-four et dédiées à saint Eutrope et à sainte Eustelle, ont un autel quadrangulaire en pierre, sans aucun ornement, comme aussi la chapelle du saint Esprit, aujourd'hui de saint Joseph, dans le narthex, près du puits. Elles ont été peintes en brun avec des fleurons rouges et des traits qui simulent l'appareil. Peut-être le reste de la crypte avait-il aussi reçu cette ornementation polychrome. L'abside de la nef principale avait disparu pour permettre d'allonger la crypte, que le nombre des pèlerins rendait trop étroite ; et l'orient était le seul endroit par où l'on pût l'agrandir. Elle a été rétablie par l'abbé Lacurie ; une porte donne accès dans cette abside, devenue sacristie, qu'on appelle la chapelle Saint-Louis.

« La belle crypte de Saint-Eutrope, ajoute Viollet-le-Duc, l'une des plus vastes qui existent en France », reproduit en plan les dispositions de l'église supérieure, ce

qui est fort rare. « En outre, elle présente cette particularité remarquable qu'elle est largement éclairée, et que ses
chapiteaux sont richement sculptés. Nous regardons cette
construction comme appartenant en partie aux dernières
années du XIᵉ siècle ou au commencement du XIIᵉ. C'est
un large vaisseau, large pour une crypte, de 5ᵐ40, terminé par un rond-point avec collatéral pourtournant et
trois chapelles rayonnantes. La construction des voûtes
mérite d'être observée avec soin : les voûtes de la nef
centrale appartiennent au XIIᵉ siècle ; elles se composent
d'arcs doubleaux donnant en section un demi-cylindre, entre lesquelles sont bandées des voûtes d'arête en moel-
lon sans arêtiers ; à l'abside, ce sont des arcs à section
rectangulaire qui viennent se réunir en une énorme clef.
Les murs collatéraux ont été repris à la fin du XIIᵉ siècle
et au XIIIᵉ, ainsi que les voûtes des deux chapelles latérales. La chapelle absidale a été reconstruite ; mais la disposition primitive est facile à saisir. De même que l'é-
glise supérieure, la crypte est précédée d'un vaste narthex,
dont les murs seuls appartiennent à la construction de
la fin du XIᵉ siècle ». Et l'éminent archéologue reproduit le plan et la vue de la crypte avec divers détails
d'architecture qu'il donne comme spécimens et modèles
de l'art au XIIᵉ siècle.

C'est derrière l'autel principal, à l'entrée de l'abside de
la grande nef, qu'est placé le tombeau du martyr, sarcophage de forme quadrangulaire fermé par un couvercle
taillé en biseau. Il est enveloppé d'un cénotaphe, dont le
style romano-bysantin essaie d'être en harmonie avec le
reste de l'église ; il reproduit la forme du monolithe qu'il

recouvre et laisse voir. Une ouverture, pratiquée du côté de l'inscription, permet d'y lire le mot EVTROPIVS. Sur les deux faces les plus larges il y a d'abord ce verset du livre II des *Machabées*, ch. XV, v. 15 :

HIC EST FRATRVM AMATOR HIC EST QVI MVLTVM ORAT PRO POPVLO.

C'est là le véritable ami de ses frères ; c'est là celui qui prie continuellement pour son peuple.

Puis ces lignes de l'*Ecclésiastique*, ch. XXXIX, v. 13 :

NON RECEDET MEMORIA EIVS ET NOMEN EIVS REQVIRETVR A GENERATIONE IN GENERATIONEM.

Sa mémoire ne s'effacera point de l'esprit des hommes et son nom sera honoré de génération en génération.

La niche de l'église haute qui renferme le chef reproduit en lettres peintes le premier verset ainsi :

HIC EST FRATRUM AMATOR ET POPULI HIC EST...

avec l'invocation :

SANCTE EVTROPI ORA PRO NOBIS.

Et à la cathédrale de Saint-Pierre, dans la chapelle qui lui est dédiée après avoir été celle des saints André et Jacques, on lit ce mot du livre II, ch. XIV, v. 13 :

AMATOR CIVITATIS.

Encastrée dans la pierre du maître-autel, en face du tombeau, une plaque de marbre noir rappelle en lettres dorées les translations des XIe et XIXe siècles.

D· O· M·

curante· D· D· RAMNULFO· epis· Xanton·
an· DNI· MXCVI· prid· id· octobr·
in· hunc· ipsum· locum·
translata· fuere· ossa· pretiosa·
S· EVTROPII· I· Xanton· epis· et mart·
eidem· sepulchro· ibid· remanenti· cum· vener·
pignor· suis·
XIV· kalend· jun· an· MDCCCXLIII· feliciter· invento·
post· recognitionem· canonice· factam·
et· sententiam·
a· D· D· CLEMENTE VILLECOVR· epis· Rupell·
prolatam· et· promulgatam·
post·que· solemnitatem· prid. oct· ann· MDCCCXLVI.
prsæculum· plurimorum· præsentia· decoratam·
redditus· est· sanctarum· reliquiar. thesaurus·
ad· perpetuam· sepulturam·
fidelium· que· solamen· et· tutamen·

*A Dieu très grand, très bon. L'an du seigneur 1096,
la veille des ides d'octobre, par les soins de monseigneur
Ramnulfe, évêque de Saintes, en ce lieu même furent
transférés les os précieux de saint Eutrope, premier
évêque de Saintes et martyr; et à ce même tombeau, qui,
ici même, avec ses vénérables ossements, fut, le quatorzième
jour avant les calendes de juin (19 mai) 1843, heu-*

reusement retrouvé, après la reconnaissance canonique et la décision que monseigneur Clément Villecourt, évêque de La Rochelle, prononça et promulgua, après la solennité de la veille des ides d'octobre (14 octobre 1845), a été, devant un grand nombre de prélats, remis le trésor de ces saintes reliques, qui doit y être gardé à perpétuité pour y consoler et protéger les fidèles.

N'oublions pas une large cuve baptismale romane, à laquelle on attribue l'âge même de la crypte et qui se trouve près de la chapelle du saint Esprit. Elle est ronde intérieurement et extérieurement, ornée de moulures peu saillantes et mesure 18 et 25 centimètres de profondeur, 1 mètre 10 de diamètre et 25 centimètres d'épaisseur sur les bords, ce qui donne 3 mètres 45 de circonférence intérieure. Elle était supportée autrefois par un seul pied, et c'est ainsi que les savants du congrès de Saintes en 1844 l'ont dessinée ; elle en a deux maintenant. Ces cuves romanes sont fort rares.

Tout près est un puits profond dont la margelle est dans la chapelle du saint Esprit. C'était là qu'on puisait l'eau pour le baptême des néo-chrétiens. Sont-ce cette eau et cette vasque qui ont suggéré à quelques archéologues l'idée de transformer la nef de l'église haute en église des catéchumènes ? Rappelons-nous que ce fut le dimanche de Quasimodo, appelé autrefois le dimanche *in albis* parce que les nouveaux baptisés quittaient leurs vêtements blancs pris le samedi saint, que Urbain II consacra l'autel de Saint-Eutrope ; que le dimanche de pâques une frairie avait lieu à la Maladrerie, presque à l'ombre du clocher, et que les chanoines de Saint-Pierre faisaient le lundi une procession solennelle à Saint-Eutrope. Que de souvenirs du baptême des néophytes, subsistant en dépit de l'oubli, dans cette semaine qui leur était consacrée ! Vestiges presque effacés de cérémonies attachantes, ils nous servent à remonter à leur origine et à retrouver, sous la poussière du temps, les faits qui en ont été la cause.

Le puits lui-même a sa légende ; il faut la lire dans les Bollandistes. On chantait les premières vêpres du saint ; avec les chanoines étaient venus les enfants de chœur. Pendant que ceux-là psalmodiaient dévotement l'office, les clergeons, échappant à la surveillance, s'ébattaient dans les bas côtés obscurs et derrière les piliers de la nef. Le puits était là, béant, dans cette chapelle écartée. Un des enfants, qui jouait à cache-cache, court et tombe dans cinquante pieds d'eau. Ses camarades, en ne le voyant plus, s'inquiètent et le cherchent en pleurant. Sa mère accourt éperdue, folle de douleur, sanglottant, s'arrachant les cheveux : « Saint Eutrope, rendez-moi mon fils ! Saint Eutrope, rendez-moi mon unique enfant. » Hélas ! qui lui rendra celui qui était sa consolation et son espoir ? Cependant on se hâte, on crie, on appelle du secours. Un homme se décide, malgré le danger, à descendre avec une corde. La foule, haletante, attend avec anxiété. Reviendra-t-il vivant ? Trouvera-t-il même le cadavre ? O bonheur inespéré ! L'enfant est à la surface de l'eau, sans la moindre égratignure. On le ramène à la lumière, et là, devant la multitude émerveillée, il raconte : « Quand je me suis senti choir, tout à coup j'ai pensé à saint Eutrope, je l'ai invoqué, et saint Eutrope m'a secouru ; sa main m'a soutenu hors de l'eau, et me voici ». La joie fait place à la tristesse, l'allégresse au désespoir, et l'on chante un *Te Deum* en actions de grâces.

VII

Description de l'église Saint-Eutrope. — Le pape Urbain II
à Saint-Eutrope.— Deuxième translation.
Libéralités des rois, des princes.
des particuliers.

L'ÉGLISE de Saint-Eutrope, le monument archéologique-
ment le plus célèbre de Saintes, qui en serait le plus
curieux s'il n'y avait pas le clocher et la façade de l'église de
l'abbaye, a été souvent reproduite par le dessin, la gravure,
la photographie; elle le mérite. L'ornementation appartient
au style byzantin fleuri. Il est facile de voir qu'elle est postérieure d'un demi-siècle à la crypte. « A en juger par la
richesse des détails qui la composent, il est naturel de
supposer que l'église ne fut pas achevée avant l'année 1150.
La forme primitive du monument était celle d'une basilique à trois nefs que terminait à l'est une abside demi-

circulaire, flanquée de trois chapelles à cul-de-four. » Ces deux absidioles, dédiées aujourd'hui à saint Eutrope et à sainte Eustelle, subsistent ; mais une abside pentagonale a remplacé au xve siècle, ou au commencement du xvie, d'après le style de l'édifice — en 1602, dit Lacurie, qui n'apporte aucune preuve — l'abside romane, et s'est allongée pour former un chœur nouveau. Ainsi le sanctuaire primitif devint la nef. Peut-être les religieux n'étaient-ils plus assez nombreux pour occuper les stalles de ce vaste édifice, et les revenus ne suffisaient-ils pas à entretenir décemment un monument aussi dispendieux. La nef qui contenait l'escalier en amphithéâtre, par où l'on descendait à la crypte, fut négligée, et l'église commença réellement au transept. On a voulu voir là deux églises, dont l'une s'étendait jusqu'à l'extrémité de la place, et a été appelée église des catéchumènes. C'est une erreur. Un simple coup d'œil suffit à voir que la nef actuelle était le sanctuaire primitif ; or, un sanctuaire suppose une nef. Le transept est très nettement caractérisé par ses deux bras, dont l'un contient l'autel de la Vierge, et l'autre, rebâti au xve siècle, supporte le clocher. Une absidiole charmante, à l'intersection du transept et de l'abside, comme dans les églises d'Auvergne, Orcival, Issoire, Saint-Nectaire, suffirait à prouver que c'est bien un transept.

La chapelle absidiale, « le plus beau monument de ce genre qu'il y ait en Saintonge », a écrit Viollet-le-Duc, est particulièrement remarquable : « A Saintes, continue-t-il, il existe une charmante église du xiie siècle, Saint-Eutrope, qui possède une vaste crypte, ou plutôt une église basse, à rez-de-chaussée, sous le chœur. L'abside de cette église est flanquée de trois chapelles. Ces chapelles règnent dans la crypte comme au niveau du chœur ; leurs fenêtres ne sont pas de mêmes dimensions que celles du collatéral ; elles sont plus petites. Les chapelles de Saint-Eutrope de Saintes sont donc, un petit édifice accolé à un autre plus grand. »

A cette appréciation, fort juste mais sommaire, nous ajouterons une description plus complète par un autre archéologue, Jules Marion : « L'église de Saint-Eutrope, le monument le plus célèbre de Saintes, a été commencée en 1096, alors que le duc d'Aquitaine, à l'instigation de l'évêque Boson, y établit, sous la direction d'un prieur, des moines bénédictins de l'ordre de Cluni... A l'extérieur, les murs des bas côtés et ceux des deux chapelles qui accompagnaient l'abside à sa naissance, ont seuls conservé leur splendide décoration primitive. Les parties supérieures de la nef ont été reprises lors des travaux du XVIe siècle, et, dans leur état actuel, présentent peu d'intérêt. Le long des murs des bas côtés règne un banc de pierre ou stéréobate continu, sur lequel s'élèvent en application de hautes arcades cintrées, portées par des colonnes à chapiteaux fantastiques et garnies d'archivoltes, dont la décoration se compose de zigzags, de damiers, d'étoiles, de têtes de clous, en un mot de tous les motifs d'ornementation familiers au style byzantin. Sous ces arcades sont percées les fenêtres qui éclairent l'église. Elles sont de médiocre dimension, et l'arc cintré qui en forme l'amortissement, tout couvert d'ornements sculptés, est porté par deux colonnettes à chapiteaux fantastiques. Entre le sommet de l'arc des fenêtres et celui des grandes arcades dans lesquelles elles sont inscrites, sont

placés de grands médaillons ronds, couverts de découpures stellées, qui présentent la plus grande analogie avec les médaillons de la célèbre nef romane de Notre-Dame de Bayeux. Ce genre d'ornement, extrêmement rare, ne se retrouve guère ailleurs, ainsi employé, qu'autour de l'abside des églises romanes d'Auvergne, et encore, dans ces dernières, .est-il toujours exécuté en mosaïque, au lieu de l'être en sculpture, comme cela arrive à Saint-Eutrope. A la hauteur du stéréobate s'ouvre, correspondant aux fenêtres supérieures, mais de dimension plus petite, les fenêtres destinées à éclairer la crypte. Leurs archivoltes, au lieu de zigzags ou de damiers, portent des rangées de besants; pour le reste, la décoration est semblable à la première. Enfin, trois cordons couverts d'arabesques délicates et remontant par dessus les fûts des colonnes, règnent dans toute la longueur des murailles, le premier à la hauteur de l'arc des fenêtres de la crypte, le second à la base, et le troisième au sommet de l'arc des fenêtres supérieures. Les deux chapelles absidiales présentent une décoration dont l'ordonnance est différente. Trois cordons horizontaux y divisent le mur en quatre zones ou étages. A l'étage inférieur s'ouvrent les fenêtres de la crypte, dont la base repose, comme aux bas côtés, sur un stéréobate qui fait suite au premier. Au deuxième étage, la muraille est entièrement lisse; des fenêtres cintrées, de même dimension que celles de la crypte, mais depuis fort longtemps murées, occupent la surface du troisième étage. A l'étage supérieur, enfin, règne une série continue de toutes petites arcades, que séparent les unes des autres de minces colonnettes, dont l'ensemble produit l'effet le plus gracieux. Pour compléter

la décoration, de hautes colonnes engagées, dont les chapiteaux supportent la corniche du toit, s'élèvent de distance
en distance en guise de contre-forts. On sait que cette
manière élégante de buter les murailles a été fréquem-
ment employée à l'époque byzantine.

» A l'intérieur, la nef comprend quatre travées qui
communiquent avec les collatéraux par de hautes arcades
cintrées, reposant sur des massifs épais et carrés dont la
base, au lieu de poser immédiatement sur le sol, est assise sur une sorte de tambour circulaire. La décoration
des massifs présente en plan la disposition suivante : sur
la face antérieure, un pilastre plat du chapiteau duquel
part une courte colonne engagée, destinée à supporter la
corniche en larmier qui règne à la naissance de la voûte ;
sur les deux faces latérales, deux colonnes engagées qui
reçoivent les tombées de l'arc doubleau formant l'amortissement de l'arcade ; sur la face postérieure enfin une haute
colonne qui s'élève d'un jet jusqu'au point de jonction
de la voûte du collatéral avec le mur de la nef. Une colonne semblable et correspondant à celle-ci, est appliquée
sur le mur extérieur du collatéral dont elle soutient la
corniche en même temps qu'elle reçoit la retombée de
l'arc doubleau de la voûte. Tous les chapiteaux, tant des
colonnes que des pilastres, sont couverts de feuillages
fantastiques sans mélange d'historiures, à l'exception de
deux qui portent, l'un des sirènes, l'autre des léopards.
Comparés aux chapiteaux romans du Poitou, qui datent
de la même époque, ceux de Saint-Eutrope accusent une
évidente infériorité. Le dessin pourtant en est correct, et
l'exécution délicate ; mais ces deux qualités ne suffisent

pas à racheter le manque absolu de relief dans ces ornements qui les distingue. Les chapiteaux des pilastres ap-
pliqués sur la face antérieure des arcades présentent ceci
de particulier que leur partie centrale saillit fortement en
dehors du reste du chapiteau, de manière à figurer une
console destinée à porter les colonnettes dont j'ai
déjà parlé. Sur ces consoles sont sculptés des ornements
(médaillons ou cartouches) dont le caractère antique très
prononcé, vu ailleurs, étonnerait à bon droit : à Saintes,
ville remplie d'antiquités romaines, un pareil fait s'explique de lui-même.

» La voûte de la nef forme un berceau ogival soutenu
à chaque travée par un arc doubleau très saillant. Con-
struites dans le même procédé et certainement contempo-
raines, les voûtes des bas côtés, par une disposition extrêmement rare, ne décrivent qu'un quart de cercle, dont
la partie supérieure s'appuie au mur de la nef, de façon
que les bas côtés, très étroits d'ailleurs, ont plutôt l'apparence de buter la nef que de l'accompagner. En avant des
quatre travées de celle-ci, une cinquième travée, beaucoup
plus grande que les autres et contiguë au portail, forme
une sorte d'avant-nef ou de narthex intérieur, au-dessus
duquel s'élève une coupole ovoïde. Ce narthex est séparé
de ses bas côtés par deux très hautes arcades ogivales qui
reposent sur des massifs semblables à ceux que j'ai dé-
crits. Nul doute que la disposition générale du narthex,
de même que les massifs qui en soutiennent les arcades
ne datent de la construction primitive : quant à la coupole, quant aux arcades en ogive et aux voûtes des bas
côtés, dont le berceau est complet dans cette partie seu-

lement, tout cela appartient aux travaux de la fin du
XVe siècle.

» J'ai dit que les quatre massifs des arcades du narthex
étaient contemporains de la nef ; j'en excepte toutefois
les chapiteaux des pilastres et des colonnes qui les décorent, dont le faire, tout différent de celui des chapiteaux, accuse une époque de l'art plus avancée, la fin
du XIIe siècle, au moins. Comme cette partie de l'ornementation se sculptait généralement sur place, au moyen
âge, une différence de date entre des colonnes et leur
couronnement n'a rien qui doive surprendre. Les chapiteaux dont il s'agit, d'une richesse de décoration inouïe,
bien loin de manquer de relief comme les premiers,
sont fouillés avec une telle recherche, que les figures qui
les composent se détachent en saillie sur la pierre comme
les ornements d'une guipure. Ils sont tous historiés, et la
sculpture, au lieu de former comme d'ordinaire à chaque
chapiteau un ensemble complet et séparé des autres, se
continue sans interruption dans l'intervalle des pilastres
et des colonnes engagées, de manière à entourer le massif entier d'un énorme et unique chapiteau. Sur l'un de
ces faisceaux est représenté, avec les détails habituels, le
pèsement des âmes ; sur deux autres on remarque un
sujet symbolique extrêmement bizarre, que je me bor-
nerai à décrire, faute de pouvoir en donner une explication satisfaisante. Des bêtes à corps de lion et à long cou
terminé par une tête de griffon, foulent aux pieds des
hommes agenouillés et se tenant par la main comme dans
un branle. En même temps, des oiseaux à queue de guê-
pes, perchés sur le dos des lions, leur déchirent la poi-

trine à coups de becs, tandis que les mêmes lions mordent la queue des oiseaux. »

Pour un tel monument il fallait une consécration particulière. L'édifice s'élevait au moment où le pape Urbain II passait les Alpes pour aller à Clermont prêcher et organiser la première croisade. Et après le concile de Clermont où avait retenti le cri de « Dieu le veut ! », le pontife de Rome visitait les provinces de France, principalement l'Aquitaine. Le 7 avril 1096, venant de Tours, de Poitiers et de Saint-Maixent, il était à Saint-Jean d'Angély. Le 9, il se rendait à Saintes pour y passer les fêtes de pâques. L'occasion était propice. Les moines prièrent Urbain II de consacrer l'autel de l'église haute ; lui voulut que l'évêque de Saintes, Ramnulfe de Foucauld, consacrât celui de la crypte. Et la joie fut grande 'et le concours des populations immense, quand, le dimanche qui suivit pâques, 20 avril, on vit le successeur de Pierre s'agenouiller au tombeau du disciple et de l'envoyé de Clément, renouvelant ainsi, consacrant encore l'union de l'église apostolique de Saintes à l'église de Rome, et donna sa bénédiction de pontife à ce peuple d'Eutrope, princes, grands, clercs, moines, laïques, hommes, femmes, fiers de cette grâce qu'ils rapportaient dans leurs maisons comme un trésor sans prix.

L'église bénite le 20 janvier, jour où l'on célébrait sa dédicace, l'autel consacré, il parut convenable de tirer le corps du martyr des ténèbres de sa grotte et de lui donner un lieu plus digne de lui. Derrière l'autel on creusa dans le roc vif un espace pour recevoir le tombeau. Et puis les

moines hésitèrent. L'acte était de telle gravité qu'ils en
référèrent à l'évêque, au clergé, au comte de Saintonge,
aux principaux de la cité. Et tous d'accord, on fixa un
jour afin que le peuple pût assister au transport du corps
de son patron. Mais la nouvelle causa une telle émotion,
la multitude accourut avec un tel empressement que l'on
craignit un tumulte. Les fidèles veillaient jour et nuit,
afin qu'on ne pût rien enlever, comme les Bretons avaient
fait du corps de saint Macoux et les moines de Figeac du
corps de saint Vivien. L'anxiété était grande, surtout
quand on vit tomber l'ancienne crypte et ses colonnes et
ses murs renversés jusqu'au niveau du sarcophage.

Mais, pour éviter une affluence encombrante, on devança
le jour fixé ; et, en présence d'un certain nombre d'habitants, un samedi matin, avant que la foule fût trop grande
dans l'église, aux yeux de l'évêque, du clergé, des religieux, sous les coups de pioche et de pelle des serviteurs,
apparut, dans le rocher creusé, le sacré tombeau qu'aux
quatre coins scellait au couvercle du plomb fondu. On
brise les angles, puisqu'il le fallait ; et dans l'auge on
voit une capse de plomb qui contenait les ossements. L'é-
vêque, au milieu des chants et des prières, à la clarté de
mille lumières et dans les flots de l'encens, prend l'urne
vénérable, la porte sur un brancard, et couverte d'un voile
l'expose à l'entrée. On découvre ensuite le corps de saint
Léonce, qui était sous un massif de maçonnerie. Les fidèles se précipitent, viennent invoquer leur patron, passent
sous la châsse pour implorer sa protection. Puis quand
les populations environnantes eurent satisfait leur pieux

désir, les abbés, les religieux et les autres ecclésiastiques déposèrent avec respect dans l'endroit préparé les deux saints qui depuis n'ont cessé de protéger les fidèles et d'accomplir des miracles. Quand, huit siècles plus tard, le tombeau longtemps cru anéanti, fut retrouvé en ce même endroit, derrière l'autel de l'église basse, dans le roc vif, on n'eut plus qu'à constater, pièces en mains, que c'étaient bien toujours le même tombeau, les mêmes reliques, le même Eutrope.

Les rois, les princes se firent un devoir d'imiter le pape et le duc d'Aquitaine, en visitant l'église et en dotant le monastère. Les ducs de Guienne, si généreux pour les maisons religieuses de nos contrées, les rois de France et d'Angleterre, ont toujours témoigné de leur piété pour saint Eutrope. En 1128, Guillaume IX, ou saint Guillaume, comte de Poitiers et duc de Guienne, confirme la donation de son frère Guillaume VIII, et y ajoute des maisons et des jardins, puis l'exemption de toute chevauchée pour tous les habitants du puy Saint-Eutrope, depuis la Maladrerie jusqu'à la font Saint-Eutrope, et du Peyrat au rocher de la cure. En 1143, par une charte donnée à Orléans, Louis le Jeune, roi de France, aussi duc d'Aquitaine par son mariage avec Aliénor, fille de Guillaume IX, accorde au prieuré douze deniers de rente annuelle sur les moulins de Lusserat. Aliénor elle-même, devenue reine d'Angleterre, duchesse de Normandie et d'Aquitaine, comtesse d'Anjou, confirma, à Saint-Jean d'Angély, l'an 1199, en présence de Henri, évêque de Saintes, les privilèges conférés par son père et violés de temps en temps par les agents de son beau-père

Richard, roi d'Angleterre. L'an 1269, Alphonse, comte de Poitou, frère de saint Louis, en mémoire de son père Louis VIII et de sa mère Blanche de Castille, et en l'honneur du bienheureux martyr Eutrope pour lequel il a une dévotion particulière, donne vingt livres de rente annuelle pour un cierge de deux livres de cire, qui doit brûler jour et nuit sur le tombeau du saint. Philippe III, en février 1271, « à Pons, en Poitou » ; Edouard, prince de Galles, à Poitiers, en 1363 ; Charles VII, à Saintes, le 14 février 1441 ; Louis XI, en 1478 ; François Ier, en 1539, renouvellent cette fondation. En 1682, Louis XIV payait encore ces vingt livres, et la rente n'a cessé qu'avec le monastère.

En février 1270, Foulques de Matha et de Mornac, plein de reconnaissance pour les Clunistes, qui servent Dieu nuit et jour, qui prient pour l'âme de ses parents et de son frère, Geoffroi Martel de Matha, chevalier, enterré dans leur chapitre, cède au prieuré tous ses droits en la paroisse, depuis le port Saint-Aignan, la croix Saint-Macoux, l'Ormeau, Coquèche, le chemin de Saint-Jacques, les Justices et le Puy-Ravault, haute, basse et moyenne justice, revenus, etc.; en outre il constitue cent sous de rente annuelle à un religieux qui célébrera à perpétuité dans la chapelle du chapitre l'office divin pour le repos de son âme, de l'âme de son frère et de ses parents.

Six ans plus tard (1276), Philippe III le Hardi, en exécution des dernières volontés de son oncle, Alphonse de Poitiers, y fonde une messe à perpétuité, moyennant une rente de soixante sols tournois. L'année suivante (1277), il donnait aux moines la seigneurie sur trente quartiers de prés dans la prairie de La Pallu, vis-à-vis des moulins de Lussérat, la rente noble due au roi sur lesdits moulins, appartenant déjà au prieuré, et affranchissait ses domaines de toutes redevances. Trois ans après, suivant les intentions d'Alphonse de Poitiers, il donna cent sols aux lépreux de Saintes et assigna à la maladrerie quarante sols de rente. Le 25 mai 1338, à Saintes, Hugues Bertrand, « prieur de la Maladrerie de la méson des degrez de Sainct-Eutrope de Xaintes », signait à Regnault Croulleboys, receveur du roi en Saintonge et en Poitou, quittance de sept livres tournois données par le roi au profit de ladite maladrerie.

Puis, c'est le roi d'Angleterre. Edouard Ier, pour le succès de ses négociations avec Alphonse, roi d'Aragon, relatives à la délivrance de Charles le Boîteux, envoie par Hugues Horsham, son clerc, une somme d'argent dont on dira trente messes extraordinaires, et une messe ordinaire, chaque jour jusqu'à la Saint-Jean, en l'honneur de la Trinité, de Marie et de saint Eutrope, et des prières chaque jour pour les pauvres prisonniers d'Aragon. Ainsi le constate une lettre du prieur, du 18 novembre 1288.

Puis ce sont les seigneurs de Saintonge. Constantin le Gros, seigneur de Berneuil, vers 1100, donne les trois quarts du moulin de Chantemerle, en la paroisse de Courcoury, et les marais jusqu'au cours de la vieille Seugne, moyennant deux messes par semaine et « un *Ne recorderis* aveq le verset et l'oraison pour l'âme dudit feu sieur de Pons et ses successeurs. »

En 1375, Geoffroy de Rabaine, seigneur de Pisany,

fonde au « moustier de Saint-Eutrope de Xaintes » un anniversaire solennel pour lui et ses parents, moyennant quinze sols sur les rentes que lui doit Geoffroy Bœuf, deux sols de rente que lui doit le prieur, quarante sols de rente et vingt sommes de vendanges sur le fief Baudouin. A la même époque, Jean Parthenay-Larchevêque, baron de Châtelaillon et de Parthenay, fonda une chapelle de Sainte-Marie-Madeleine, qui était desservie en l'église haute « sous la grande cloche ». Il y avait une somme de quinze livres assise sur les revenus de la baronnie de Châtelaillon. Que d'autres legs il y aurait à énumérer !

Jusqu'à la veille de la destruction du monastère nous voyons de ces donations, dont malheureusement les documents, si rares, ne nous ont gardé que peu de traces. Le 13 mars 1698, Pierre Friou, maître menuisier du faubourg Saint-Eutrope, fonde, moyennant une rente de vingt livres, trente-six messes à dire par an à l'autel de Notre-Dame de Pitié en l'église haute. En 1736, Marie Maurin, veuve d'Alexis Faget, marchand à Bordeaux, de présent à Saintes, donne au prieur un calice d'argent avec sa patène valant 195 livres, pour trois messes chaque année à dire le jour ou dans l'octave de saint Eutrope.

C'est par ces dons, par ces exemptions de charge, par ces fondations que le prieuré de Saintes, comme l'abbaye, comme l'évêché, comme les cures, comme tous les établissements religieux, s'est fondé, accru, embelli, enrichi. Les grâces obtenues ou à obtenir excitaient la générosité des princes et des particuliers. De là ces revenus souvent considérables de certains monastères, revenus que, de temps en temps, les dons gratuits et volontaires, exigés par le roi pour ses guerres ou pour les besoins pressants de l'état, les ravages des ennemis diminuaient singulièrement, quelquefois même anéantissaient complètement.

« Le prieur du monastère de monsieur saint Eutrope de Xaintes, dit une pièce trouvée par dom Estiennot dans les archives du prieuré, est seigneur de tout le faux bourg dit de Saint-Eutrope, qu'il tient du roy, nostre sire, avec tous devoirs de justice, haulte, moyenne et basse, mixte, père et impère, de police, de franchise, de liberté pour tous les manans et habitans et gens de mestier et de négoce : droit de cens, rentes, agrières, de four et moulin bannal, foyre et marché ; de petites et grandes mesures, marques de vaisseaux, droit de chevauchée et d'hommage par tous les chefs de famille ; la veille monsieur Saint Eutrope, droit d'hommage par les barons non mariés, appellé Roy Bertaud ou Roytelet ; droit d'aubeine et de morte-main, de vente et revente tant en gros qu'en détail, droit de ratelage sur les hostelliers de passage ; d'abordage, de pesche et de justice sur la rivière de Charente ; droit sur les tanneurs, bouchers, blanconniers ou pelletiers, boulangers, et sur toutes les marchandises qui se débitent dans laditte seigneurie dudit prieuré du monastère Saint-Eutrope, etc. »

VIII

CELUI auquel saint Eutrope doit le plus est Louis XI. Ce roi avait une grande dévotion pour le martyr Santon ; et après Notre-Dame de Cléry, c'était lui qu'il aimait le mieux. Un jour qu'on récitait devant lui et en sa faveur une oraison qui demandait pour lui à Dieu, par les prières de saint Eutrope, la santé de l'âme et celle du corps : « C'est assez, se hâta-t-il de dire, de la santé du corps ; il ne faut point importuner le saint en réclamant de lui à la fois tant de choses ».

On a de lui une prière (vers 1472) où il sollicitait du saint la guérison de ses infirmités et spécialement de son hydropisie : « Martyr du Christ, Eutrope, par tes prières agréables à Dieu, guéris-moi toujours et partout de l'hydropisie... »

Le cierge de ses prédécesseurs brûlait bien perpétuellement devant le tombeau du saint ; mais comme, dit-il, « le domaine de nostre dit pays de Xaintonge et prévosté de Xaintes, pour les grands guerres et divisions qui y ont eu cours par cy-devant, est grandement diminué, » et que par conséquent les religieux « n'ont peu et peuvent estre entièrement payez desdits vingt livres tournois de rente, et bien souvent n'en peuvent avoir que la moitié de laditte somme ou autre moindre somme... qui est en leur très grant grief, préjudice et domaige, » il voulut qu'on payât au prieuré la rente promise ; et dans des lettres patentes de janvier 1478, considérant « que de tout tems nous avons eu et avons grant et singuliere dévocion et affection audit glorieux corps saint et amy de Dieu monseigneur saint Eutrope, dont le corps gist et repose en la dite église, » il ordonna expressément que les vingt livres de rente fussent régulièrement acquittées « sur la ferme de scel aux contrats, établie à Saintes et Parcoul et par droit sur les pont et tour de Xaintes ».

En outre, il fonda une chapelle dans l'église Saint-Eutrope. Il fit plus, il répara l'église et édifia le clocher.

Quelques auteurs ont écrit, contre toute vérité, et j'ai un peu fait comme eux, que c'était pour expier le meurtre de son frère, Charles de France. Il n'est pas besoin de cette explication erronée ; sa crainte de la mort suffisait à lui inspirer le désir d'être agréable à « l'amy de Dieu, monseigneur saint Eutrope. » D'ailleurs, les générosités du prince pour l'église avaient commencé longtemps avant le décès (1472) de son frère ; enfin, le duc de Guienne n'est mort, avec la dame de Montsoreau, Colette de Chambes, que des suites de son inconduite.

Louis XI n'était encore que dauphin. Le prieur, Odon de La Baume, de la branche des La Baume Saint-Amour (1439-1476), sollicita sa bienveillance. Les deux piliers de l'entrée de la crypte, qui supportaient le clocher au transept de l'église haute, s'affaissaient et menaçaient de ruine tout l'édifice. Le prince donna six cents écus ; une belle inscription en lettres gothiques, malheureusement incomplète, l'atteste :

[L'AN MCCCC] XLV TRES EXELLENT PRINCE LOYS DAVPHIN DE VIENN[O]YS QV A OFERT VI^c ESCVS DE COY A EST FAIT LEC... ET CETVY PYLER ESTANT PRIEVR DE LA BALME [CON]CELIER DV ROY N[OT]RE [SIRE].

L'autre pilier fut aussi refait, ou plutôt on noya les piliers romans dans un massif énorme de maçonnerie, lourd revêtement qui dépare le monument.

Il fallut reconstruire le clocher. Pour rebâtir la cathédrale de Saint-Pierre de Saintes, on devait bientôt quêter jusqu'en Allemagne et prêcher partout des indulgences pour ceux qui y contribueraient. Quant à Saint-Eutrope, on fit appel au roi. Au vu des réparations nécessaires « pour garder que l'église ne tumbe, et reffaire ce qui est pourry et mauvais, et en danger de cheoir », dont le prieur lui envoyait le devis, Louis XI écrivit à son frère, Olivier de Coëtivy, seigneur de Taillebourg, Royan, Mornac et Rochefort ; il voulait bien consentir à payer, mais pas plus qu'il ne devait : « Je ne say s'il l'a mis loyaument et s'il me veut tromper, ou s'il y est trompé lui-mesme : car, comme vous

le savez, les ouvriers le devisent à leur avantaige pour y gai-
gner le plus qu'ils pevent, espécialement quand ils ont à faire à
gens qu'ils cuident (croient) qui ayent bonne bourse
comme moy ; » précaution et réflexion fort sages, où se
montrent l'esprit défiant et l'économie du roi bourgeois.

Les habitants devaient aussi contribuer à la construction
du clocher. Le roi leur accorda, sa vie durant, l'exemption
« des tailles, imposts, subsides et cens, à conditions qu'ils
payeront au prieur et couvent de monsieur saint Eutrope,
cent livres de rente. » Il chargea Jean de Beaumont,
seigneur de Rioux, de diriger et de payer les travaux.
Quand Beaumont mourut à la fin de 1482, il restait redeva-
ble d'une somme de douze cents livres « qui, disait, vers
1730, Léon de Beaumont, évêque de Saintes, valaient bien
quinze fois plus que les livres d'à présent », soit 18,000
livres.

Un huitain de lettres gothiques, dans une face du pilier
de droite en entrant, rappelle ces travaux :

LOYS TRES PVISSANT ROY REGNA[N]T
DE P[A]R Q[U]I IE SVIS TOVT REFAIT
LEGLISE DE CEANS TENANT
IEHAN GRANI QVE XVII
LON DISAIT LAN MIL CCCC
ET LX ACCOMPLI ET FAIT
AV MOIS DAVRIL FVZ EN CET SENS
QVE ME VOIES YCI PERFAIT

C'est le pilier qui parle et qui chante son achèvement
sous Jean Grany, au mois d'avril 1477, c'est-à-dire 1478,
l'année commençant alors à pâques.

Jean Grany, prieur de Saint-Eutrope, fort aimé de Louis XI, eut donc la gloire d'achever cet important monument. Aussi ses armes furent-elles mises, avec celles du roi de France, à la clef de voûte du clocher : *D'or à sept losanges de gueules, 3 3 et 1 ; au chef de même.*

« Ce clocher, bâti tout de neuf depuis les fondemens, comme on le voit par les voûtes qui sont dessous et auxquelles sont les armes de ce roy Louis XI, est un des plus beaux édifices de cette espèce qui soit dans le royaume. D'où l'on doit juger qu'il coûta beaucoup à bâtir. C'est une aiguille de pierre fort percée à jour et fort embellie de tous les ornemens qu'on employoit en ce temps-là. »

Cette tour à trois étages, éclairée par de grandes fenêtres sur l'arc desquelles se déploie tout le luxe du style flamboyant arrivé à sa dernière période, est couronnée par une pyramide octogonale à crochets, qu'accompagnent à sa base quatre pyramidions.

Nicolas Alain, médecin à Saintes, dans un livre curieux, *De Santonum regione* (1580), la vantait déjà : « Une église fort ancienne et magnifique s'élève sur une haute colline ; elle est consacrée à saint Eutrope, jadis évêque de Saintes. Louis XI, roi de France lui fit ajouter une flèche admirarable ».

IX

ULLE église n'était plus célèbre dans la contrée. Les fidèles de l'un et de l'autre sexe ne craignaient pas d'entreprendre de longs voyages pour venir à ce martyrium. Il était, on l'a vu, insuffisant au Xe siècle pour contenir la foule. Le pape Calixte II, engageant en 1124 les Anglais à aller à Saint-Jacques de Compostelle, dont Léon XIII recommandait récemment (1er novembre 1884) le pèlerinage, leur disait de ne pas manquer en passant de visiter la confession d'Eutrope. Dans la seconde moitié du XVIe siècle, les pèlerins du Vivarais qui se rendaient en Espagne, n'hésitaient pas à faire un long détour pour s'agenouiller à son tombeau. La foule était, à certaines époques, si considérable que, plus d'une fois, Saintes craignit de manquer de pain. Aussi est-ce une des raisons qui décidèrent Charles VIII à constituer les bouchers de l'endroit en corporation ; et par des lettres patentes datées de Thouars en avril 1486, considérant, dit-il, « que ladite ville et cité est la principale ville du pays de Xaintonge, qui est fort peuplée, et y a grand apport tant par la situation d'icelle qui est un beau pays et opulent, que aussi par le moïen des voyages et pélerinaiges qui se font chaque jour en l'église monseigneur saint Eutrope en ladite ville de Xaintes, » il leur donna des règlements et leur accorda des privilèges qu'on peut lire dans les *Ordonnances des rois de France*, XIX, p. 714.

La fête du saint, 30 avril, comme partout au moyen âge, a donné lieu à une foire célèbre dans la région, la plus importante de l'année, à la fois marché et réunion de famille. En outre, il y avait une frérie locale au lieu appelé encore La Maladrerie, le dimanche de pâques. Le 14 octobre était aussi une fête solennelle, Saint-Eutrope de la Rocade, nom qui rappelle certainement une translation, le jour où le corps avait été mis dans le roc.

Pendant la guerre de cent ans qui fut si terrible à nos populations, quand toute la province était ravagée, pillée, dévastée, seule, ainsi le constate une enquête de 1460, la ville de Saintes était tranquille et heureuse, « à cause du viage de Saint-Eutrope » ; et les pèlerins pouvaient en sécurité venir prier au tombeau, « pourveu que à aller et au revenir portassent chandelles, et au retour l'enseigne de monsieur saint Eutrope. »

Le moine de Saint-Cybard constatait, au XIe siècle, que d'innombrables miracles s'opéraient par saint

Eutrope ; que son nom était célèbre non seulement en Aquitaine, mais encore dans le reste de la France, dans la Grande-Bretagne et une foule d'autres pays, et qu'il n'y avait dans ces contrées aucune ville, aucun lieu connu où l'on n'eût entendu son nom.

Au XIIIe siècle, Vincent de Beauvais raconte que de son temps les malades accouraient en foule à la confession du martyr, et appendaient aux murs un souvenir et un témoignage de leur guérison.

Les captifs délivrés venaient aussi y suspendre leurs liens. Les Bollandistes ont tout un chapitre pour les prisonniers échappés de prison ; et ils en énumèrent dix. C'est un soldat français de la croisade qui, prisonnier dans une tour d'abord, puis, parce qu'il ne voulait pas abjurer, « dans un grand coffre, muni par le dehors de bandes d'airain », désolé de ne pouvoir, comme les années précédentes, aller « visiter dévotement l'église de S. Eutrope lez Sainctes » au jour de sa fête, fut, la nuit du 29 avril, « transporté, quant et son coffre dans lequel il estoit serré, de la Chaldée où il estoit prisonnier, bien plus loing que jadis le prophète Habacuch », dans l'église de Saint-Eutrope. « Et pour conserver la mémoire d'un si rare miracle, on attacha à de grosses chaisnes ce coffre, qui demeura en l'église de S. Eutrope jusqu'aux derniers troubles suscitez par la rage de l'hérésie ».

C'est le fils du vicomte d'Aunay que le comte de Poitou retenait étroitement enchaîné avec un autre gentilhomme. Le père va à la crypte, implore ardemment le martyr; et les deux captifs aussitôt délivrés viennent louer Dieu et remercier Eutrope.

Dans la châtellenie de Blanzac, au diocèse d'Angoulême, un pauvre clerc plein de vénération pour saint Eutrope dont il visitait, chaque année, l'église très dévotement, revenait un jour de son pèlerinage accoutumé,
quand un chevalier, à qui il ne pouvait payer le cens et
la taille dus depuis longtemps, le fit arrêter sans vouloir
lui accorder le délai qu'il lui demandait, en le suppliant,
pour l'amour de saint Eutrope, d'avoir pitié de lui : « Tu
paies bien, chaque année, vingt sous pour le service de
saint Eutrope, lui dit-il, et tu ne peux t'acquitter envers
moi du devoir attaché à mon domaine ! Je t'enfermerai
dans un lieu si étroit, qu'Eutrope lui-même ne pourra
t'en retirer ». Et il le fit jeter dans un grand tonneau,
prescrivant de ne lui donner de pain qu'au poids et d'eau
qu'à la mesure. Le pauvre tenancier invoquait le bienheureux Eutrope et se recommandait à son secours ; mais
comme, le soir venu, ses plaintes importunaient, le chevalier ordonna aussitôt d'allumer un grand feu au milieu
de la cour, et lui-même alla chercher son prisonnier, le
chargea sur ses épaules pour le précipiter dans les flammes. Mais, ô prodige ! le pauvre diable adhère si fortement à son seigneur que tous deux restent immobiles
comme un roc. Les domestiques s'efforcent en vain
d'arracher le clerc de l'épaule de leur maître. Le chevalier, frappé en même temps par une main invisible, est
saisi intérieurement d'un mal si violent, qu'on eût dit qu'il
allait expirer ; sa douleur était telle qu'elle le faisait
rugir. Comprenant enfin qu'il ne pouvait être guéri
que par les mérites d'Eutrope, il se met en route pour
la basilique du saint, qui n'était pas éloignée de moins

de seize lieues de sa maison, emportant à la fois l'homme et la planche qui avait servi à fermer le tonneau. Arrivé à l'église, il pria, en versant un torrent de larmes, le martyr de le délivrer. A peine avait-il achevé, que toute douleur cessa en lui, et qu'il déposa le clerc au pied de l'autel. En mémoire d'un miracle si éclatant, il suspendit dans l'église le couvercle du tonneau, qui y est resté jusqu'à ce jour.

Cinq marchands sont un jour arrêtés avec leurs marchandises ; on les jette en prison, les fers aux pieds et aux mains ; on les enferme dans un grand coffre ; et après leur avoir donné pour nourriture des salaisons, on leur refuse à boire. Suppplice effroyable. Ils ont la pensée d'invoquer saint Eutrope. Vaincus par la fatigue, ils s'endorment. Alors une espèce de clerc, vêtu d'habits blancs, leur apparaît, qui leur commande de sortir. Aussitôt le bâtiment frémit, la cage s'ouvre. Stupéfaits, ils implorent le saint : car il fallait passer par la maison du prévôt. Le maître était à table en nombreuse compagnie ; les cinq prisonniers s'avancent ; on les laisse passer. Mais la porte de la ville est fermée et les gardiens sont là. Qu'importe ! Ils ouvrent les portes sans être empêchés. Sur le pont ils rencontrent une foule ; grâce à un troupeau de bœufs, on ne les voit pas. Ils arrivent à l'église de Saint-Germain : « Ouvrez-nous. Saint Eutrope nous a délivrés ; mais nos ennemis nous poursuivent. » Le prévôt est forcé de reconnaître une intervention divine ; il n'exigera donc d'eux que leurs chaînes. Mais ils les refusent, les conservant pour les offrir au saint. La foule prend parti contre le prévôt qui voudrait faire violence à des gens aussi visiblement protégés d'en haut. On les accueille, on les nourrit, on leur donne les moyens de retourner chez eux. Puis de là ils vont à Saint-Eutrope porter sur l'autel leurs fers ; et ils racontent partout ce prodige.

Les chaînes « qui pendoient au dedans de l'église tout à l'entour, cy attachées en mémoire de la délivrance de plusieurs captifs qui, miraculeusement mis en liberté par les prières de S. Eutrope, avoient en divers temps porté leurs fers en son église, où ils les avoient laissez pour mémorial à la postérité », rapporte un biographe du saint, étaient si nombreuses, qu'elles servirent un jour de l'année 1123. Il y avait guerre, une guerre acharnée, une guerre à mort, entre deux puissants seigneurs, le sire de Pons et Geoffroy de Rancon, seigneur de Taillebourg. Le sire de Pons vainquit le seigneur de Taillebourg dans une rencontre, et lui fit un tel nombre de prisonniers, cinquante, qu'il était embarrassé d'eux. Vite il envoya à Saint-Eutrope prendre toutes les chaînes qui se trouvaient aux murailles ; il en lia les captifs et les enferma étroitement dans son château.

Eutrope ne souffrit pas que ces fers, témoignages de délivrance, servissent à enchaîner. La nuit, le geôlier le vit venir de Saintes au château de Pons, environné de lumière, « chassant les ténèbres par une grande clarté qui yssoit de son visage ». Soudain, les menottes tombent ; les pieds aussi sont libres ; les portes du cachot s'ouvrent. Et comme les prisonniers n'osaient sortir le saint « les print par la main, les conduisit hors du chasteau, et les mena dans fort peu de temps à Saint-

tes, portans en leurs mains les fers dont ils avoient esté
enfergez. »

On voit une preuve archéologique de cette croyance
à l'intervention du saint dans la délivrance des captifs et

des condamnés. C'est une enseigne de pèlerinage. D'un
côté, saint Eutrope debout, mitré, avec sa crosse ; un
homme lui assène sur la tête un coup de hache. En
légende :

SIGILLVM BEATI EVTROPII SANTONE[NSIS].

De l'autre, le bourreau suspend un criminel à une
potence ; à droite, le malfaiteur délivré est à genoux, les
mains jointes.

X

Ès le XIe siècle, on l'a vu, le religieux de Saint-Cybard
d'Angoulême racontait, témoin oculaire, les prodiges qui s'opéraient au tombeau ou par l'intercession d'Eutrope ; au XIIIe, Vincent de Beauvais énumérait ceux que le
martyr guérissait, surtout les prisonniers qu'il délivrait.
Pietro Natali, au XVIe, parle des miracles que chaque
jour son corps opère : « Corpus quescit, miraculis
redolens. » Les Bollandistes ont publié la série de nombreux faits extraordinaires accomplis en divers pays par
son intercession ; et eux qui regardent comme fabu-
leux les actes rapportés dans la vie du saint, n'hésitent

pas à admettre comme authentiques la plupart de ces merveilles. C'était aussi l'opinion de dom Ruinart. N'est-il pas singulier de voir les hypercritiques, très rêches à l'égard des gestes du martyr, accepter avec docilité les récits de faits singuliers où l'imagination populaire a certainement une grande part?

La *Vie du glorieux martyr Eutrope* en énumère dix-huit, dont plusieurs sont « tirés d'un vieux livre qui est gardé en l'église des pères carmes à Tolose ».

Une femme de Prignac, près de Matha, revenait de faire ses dévotions au tombeau. Elle s'en retournait par Taillebourg, lorsque sur le pont elle fut renversée dans la rivière par une charrette chargée. Mais, grâce au saint, elle remonta sur l'eau et fut ramenée au bord, « ses habits point embeus d'eau, ains secs comme auparavant ».

Un paysan sort de sa maison pour aller labourer son champ. C'était le jour de saint Eutrope. On l'avertit : la fête est chômée : « Qu'importe ! Je cultiverai ma terre. Qu'Eutrope se mesle de gouverner ses religieux ! » Aussitôt il est frappé de cécité ; et les bœufs d'eux-mêmes se retournent et s'en vont droit à la crypte. Le malheureux, tenant le manche de sa charrue et l'aiguillon, les suit. Ayant reconnu sa faute, imploré son pardon, il recouvre la vue.

Un homme du diocèse de Nantes, atteint d'hydropisie, devint tellement enflé que les médecins désespéraient ; il n'y avait plus qu'à mourir. Plein de foi, il se fait porter au tombeau et recouvre instantanément la santé. Même faveur fut obtenue, après neuf jours passés dans

l'église en prières, par une femme de Saint-Jean d'Angély qui ne pouvait marcher, et s'était fait transporter
par eau jusqu'à Saintes.

Une femme, nommée Etienne, depuis dix-sept ans paralysée complètement des bras et des jambes, était dans
la maladrerie de Saint-Eutrope, ne pouvant même se
mettre au lit qu'avec l'aide d'autrui. Une nuit qu'on célébrait la fête de saint Eutrope au milieu d'une foule
immense, elle vit le bienheureux qui lui ordonnait de
marcher. Elle se leva, marcha, au grand étonnement de
tous ceux qui la connaissaient et la nourrissaient d'au-
mônes depuis dix-sept ans.

Saint Hugues, abbé de Cluny (1049-1109), visitant le
monastère, fut arrêté par une folle qui, « les yeux égarés,
la face blafarde, les lèvres ouvertes, les dents serrées, »
grinçait horriblement. Le religieux « s'en alla de ce pas
tout seul pour prier Dieu par l'intercession de saint
Eutrope ; » et soudain la femme recouvra la santé et
la raison.

Une autre femme, native d'Agen, nommée Vixende,
possédée du malin esprit, se jetait tantôt dans le feu,
tantôt par terre, et se déchirait avec les dents. Ses
parents l'amenèrent au tombeau, et « Sathan fut con-
trainct, à sa courte honte, de céder et quitter la place
dont il s'estoit saisi. » Une villageoise des environs de
Saintes était si furieuse, qu'on ne la pouvait retenir.
Deux de ses enfants la conduisent à la crypte ; et par
leurs prières pendant neuf jours, obtiennent la guérison
de leur mère.

Citerai-je ce pauvre gendarme nommé Grégoire, natif

de Barbezieux, qui perdit en une rencontre son cheval, son unique bien, bonne bête, « adroite à la main, forte et robuste pour porter un homme armé ? » il prie saint Eutrope ; et son cheval, « eschappant des mains des ennemis qui estoient environ dix lieues loin de là », s'en vient au galop jusqu'à la maison de son maître ; ou bien ce gentilhomme qui, blessé par les musulmans, d'une flèche dont la pointe lui était demeurée dans la poitrine pendant quatre ans avec force souffrances, sentit enfin une douce main qui lui tirait le fer tout rouillé ? il offrit à l'autel de Saint-Eutrope et la pointe elle-même et une flèche d'argent.

Dans le château de Taillebourg, vivait un homme qui avait une grande dévotion à saint Eutrope. Pendant son voyage annuel au tombeau du saint, sa femme « forfaisant à son honneur, complotte avec son adultère de se défaire de son mari ». Il arrive, s'assied ; elle s'approche, lève la hache pour frapper ; mais elle ne peut plus l'abaisser, et demeure debout, les bras tendus, forcée d'avouer, devant ses enfants accourus, le meurtre qu'elle avait voulu commettre. Un si grand crime ne pouvait être facilement expié. Il fallut que le mari conduisît sa femme à l'église d'Eutrope et implorât pour elle la clémence du saint ; ce qui fut fait. Après que la femme eut confessé sa faute en présence de tous, ses bras élevés s'abaissèrent par la vertu du bienheureux : elle déposa la hache au pied de l'autel.

Le jeudi avant la fête de la pentecôte, Maynard, de Saintes, traversant en bateau la rivière de Charente, tomba dans l'eau sans pouvoir s'en retirer. Emporté rapidement par l'impétuosité du courant, il était plongé jusqu'aux épaules dans le fleuve. Aux cris des personnes présentes, quelques mariniers accourent avec leurs bateaux : mais après des efforts infructueux, lassés, ils se retirent. Le lendemain, on revint afin de chercher au moins le cadavre et lui donner la sépulture. Ils ne trouvent qu'une rame qu'il tenait à la main lorsqu'il était tombé. Les gémissements des parents ayant ému tout le voisinage, chacun se met à prier Eutrope.

La nuit suivante, au chant du coq, voici qu'une clarté soudaine descendit d'en haut, illuminant de ses rayons tous les lieux d'alentour. Chose étonnante, assurément ! Le corps du noyé est pénétré d'une chaleur pareille à celle qui se serait échappée du soupirail d'une fournaise ardente, et se trouve plus à l'aise au milieu des flots qu'il n'avait jamais été dans son propre lit. Alors apparut un homme, à l'aspect noble, au regard de feu, au teint de rose, vêtu d'une tunique blanche comme neige, qui descendit du ciel comme un ange de Dieu. S'avançant jusqu'à lui au milieu des ondes suspendues à droite et à gauche, et tendant vers lui la main, il lui dit avec douceur : « Je suis Eutrope ; ne crains pas ; celui que tu avais invoqué de cœur et de bouche lorsque tu fus englouti dans l'abîme, vient pour t'arracher à la mort ». L'homme se rend avec ses parents à l'église du saint où ils rendent hommage à Dieu et au bienheureux. Le bruit d'un si grand miracle s'étant répandu, des gens de tout sexe et tout âge accourent de toutes parts ; les infirmes même se lèvent, ayant retrouvé des forces nouvelles ; le comte du pays vint avec tous ses hommes d'armes pour contempler le ressuscité, et vous eussiez ouï résonner dans l'air des voix qui proclamaient le nom d'Eutrope.

Un marinier du pays de Bretagne était venu sur son bâtiment, avec plusieurs matelots de la ville de Quimper-Corentin, au bourg de Saint-Savinien. Là, ayant été retenu au lit pendant plusieurs jours par une maladie, il finit par tomber en fureur. Ses camarades, pour obtenir sa guérison, firent un vœu à saint Eutrope, et conduisirent, avec grande tristesse, le malade, pieds et poings liés, au tombeau du martyr. Après des prières réitérées, et lorsque déjà ils désespéraient, soudain le malade devint aussi doux qu'il avait été violent auparavant. Ses amis le ramenèrent guéri dans son pays, heureux et rendant grâce au bienheureux Eutrope.

Les Bollandistes ont extrait une trentaine de miracles d'un manuscrit des célestins de Paris. On y retrouve ceux que nous venons d'analyser et quelques autres : par exemple celui de ce grand personnage du pays de France, qui aveugle de naissance, allait à Saint-Jacques de Compostelle, dans l'espoir d'y recouvrer la vue. Ses gens l'entraînent perfidement loin de la route, le dépouillent de tout et l'abandonnent dans la solitude. Des voyageurs, qui entendent ses gémissements, accourent avec terreur jusqu'à lui. Ils le ramènent sur la voie publique, et lui donnent quelque argent pour subsister. Il arriva jusqu'au tombeau de saint Eutrope, où, se prosternant jusqu'à terre, les bras tendus en forme de croix, il implora sa protection. Ses vœux furent exaucés et il revit la lumière. Des cris de joie s'élèvent aussitôt vers le ciel : tous les lieux voisins retentissent de louanges ; la ville et l'église se remplissent de peuple qui glorifie le saint.

C'est ce musicien du faubourg Saint-Eutrope, Benoît, qui gagnait sa vie en chantant avec accompagnement de guitare. Comme il chantait, non pour Dieu, mais pour un denier, il causait bien de la peine à Eutrope. Un jour que, tout en pinçant de son instrument, il parcourait l'église, il fut frappé d'une attaque d'épilepsie, et tomba dans un état horrible à voir, se roulant sur la terre, grinçant des dents et se déchirant les membres comme un homme tourmenté par le malin esprit. Le misérable, qui était venu au temple pour y recueillir des applaudissements profanes, fut emporté à sa demeure, tout perclus de douleurs, et mourut le lendemain, pour devenir la proie de l'enfer, comme un enfant de ténèbres.

Ces miracles, s'écrie en finissant le vieux légendaire, « ces miracles, solennellement approuvés, je les ai recueillis dans un grand nombre de volumes. Si j'entreprenais de les raconter tous, mes forces n'y suffiraient pas, et le temps me manquerait. De son vivant et depuis sa mort jusqu'à nos jours, ce saint n'a cessé de briller par l'éclat de ses miracles. Les captifs sont délivrés de leurs chaînes ; les paralytiques retrouvent l'usage de leurs membres ; les démons sont chassés du corps des possédés ; les aveugles, les muets, les sourds, les hydropiques, sont guéris ; les naufragés, rappelés à la vie par ses mérites ; enfin l'assistance du saint ne manque jamais dans tous les maux et les dangers où l'on implore sa miséricorde ».

J'ai énuméré quelques uns de ces prodiges, qu'un historien de la Saintonge, Daniel Massiou, n'a pas craint de traduire dans son grave et sérieux ouvrage. Sont-ils tous d'une authenticité inattaquable ? On voit les broderies qu'ont ajoutées les pieux écrivains à la trame primitive. Toutefois, ces narrations, à défaut d'autre mérite, seraient encore de précieux témoignages de la foi naïve de nos pères et de leur croyance profonde, robuste, sans défaillance, en leur saint patron.

Au XVIIe siècle, des miracles opérés à la crypte de Saint-Eutrope et à la fontaine de Sainte-Eustelle, sont attestés par des témoins et des actes publics.

Le 1er mai et le 6 juillet 1639, Jean Bezias, de Puyrolland, canton de Tonnay-Boutonne, et Louise Paillau, de l'île d'Yeu, « qui est distante de Xaintes de plus de trente lieues par delà La Rochelle », ont été guéris d'hydropisie. Et Silvestre Lorent, que le malade a envoyé faire dire des messes à Saint-Eutrope, déclare, sur la foi du serment, en présence des religieux, qu'il est venu souvent à Saint-Eutrope pour plusieurs personnes malades, « lesquelz avoient expérimentez de grands soulagemens et d'entières guérisons » ; et il ajoute naïvement que d'autres ne pouvant guérir « abrégeoient leur langueur par la mort qui les fesoit passer doucement de ceste vie à l'autre, incontinant après s'être voué à saint Eutrope. »

Le 16 juin 1645, les deux enfants de Louis Demédie, couturier de Lonzac, et de Marie Bonenfant, Dominique et Jean, âgés de 20 ans et de 15 ans, estant « comme sourds et muets », ne pouvant parler en aucune façon et n'entendant que fort peu, ont, après leurs dévotions faites à l'église et à la fontaine, « recouvré l'ouye et la parole ».

Plus près de nous l'abbé Briand a peint les ravages du choléra dans l'île de Ré en 1832 : « Toutes les paroisses étaient envahies ; la mort planait sur ce lieu de désolation ; chaque famille voyait le tombeau s'entr'ouvrir d'heure en heure pour se refermer sur le père et les enfants... la consternation était sur tous les visages : on ne parlait que de morts et de mourants ; le matin, on jouissait d'une santé parfaite et le soir même on était cadavre. Nous crûmes entrer dans un vaste sépulcre en arrivant à cette époque dans le port de Saint-Martin ; les emblèmes de deuil étaient sur toutes les portes... plusieurs cercueils étaient dirigés vers le temple saint pour y recevoir les dernières bénédictions du prêtre. » Le missionnaire commence aussitôt une neuvaine à saint Eutrope. « Le premier jour, le fléau sembla redoubler d'intensité à l'extrémité de l'île, dans la paroisse d'Ars. Le lendemain et les jours suivants, la maladie diminua sensiblement ses ravages ; à la fin de la neuvaine, la calamité avait cessé... Ce langage, ajoute l'auteur, est celui de la vérité ; nous racontons ce que nous avons vu et nous serions prêts à l'attester, s'il le fallait, sur la foi du serment. » Et plus loin il raconte comment la ville de Saintes qui avait déjà vu deux ou trois victimes, fut préservée du fléau par des prières générales dans chaque église.

XI

CE n'est pas seulement à Saintes que saint Eutrope est fêté. Son culte est fort répandu ; et l'on peut dire qu'il n'est pas de saint local dont le nom soit allé plus loin.

On l'honore : à Bologne en Italie, dans l'église de Saint-Jean de Montesono, où il avait un autel ; en Belgique, à Heulé, près Courtrai, où, pendant neuf jours, on célébrait sa fête, et où, pendant toute l'année, on le venait invoquer pour les enfants et les troupeaux malades, surtout pour les lépreux et les paralytiques ; en Espagne, à Chi-

clana, province de Cadix, et dans la ville de Paradas, diocèse de Séville ; on y vénère, dans une magnifique église, une relique obtenue par le fondateur de la ville en mémoire d'une victoire miraculeuse remportée par l'intercession du saint à La Rochelle.

C'est surtout en France qu'il est fêté. Les plus anciens bréviaires de Paris, de Langres, de Senlis, de Noyon, de Rouen, de Toulouse, de Narbonne, de Béziers, d'Agen, de Carcassonne, de Nevers, de Limoges, de Troyes, et d'autres, ceux de Notre-Dame de Paris et de l'abbaye de Saint-Denis, on l'a vu, racontaient sa légende avec tous les détails. On a trouvé dans la Seine, à Paris, et dans la Loire, à Orléans, des enseignes de son pèlerinage, preuve de la fréquence de ces voyages pieux en son honneur.

A Paris, l'église Saint-Gervais avait une chapelle dédiée à saint Eutrope, où depuis fut bâti le mausolée de Michel Le Tellier. On l'y venait invoquer avec saint Quantin pour l'épilepsie, la paralysie, les convulsions nerveuses et les rhumatismes. Un maçon, nommé Gafin, et son fils, prêtre, qui avaient une maison en face du mur extérieur de la chapelle, y recevaient, pour l'amour du saint, pendant neuf jours les pèlerins. Le pape Alexandre III, plus tard Nicolas IV, en 1190, mirent cet établissement sous la protection du Saint-Siège. Des religieux le desservirent ; au XIV siècle, c'étaient des augustins. Le nombre des pèlerins s'en accrut. Une confrérie, dont les statuts furent rédigés en 1400 et approuvés par Charles VI, fut érigée sous les noms des saints Eutrope et Quantin. Le roi, la reine, le dauphin, tous les princes du sang s'y firent agréger (*Dictionnaire des pèlerinages* de Migne). Le *Calendrier de toutes les confréries de Paris* mentionne aussi, au 30 avril, page 34, cette confrérie de Saint-Eutrope, fondée, dit-il, par Charles VI en 1400 ou 1402, et qui se réunissait dans l'église Saint-Gervais.

Dans l'Ile de France, Espinay l'a pour patron. A Crosne, arrondissement de Corbeil, une église du XIIIe siècle, dédiée à la sainte Vierge, a pour patron secondaire saint Eutrope, qu'on y invoque pour les maux de tête.

Dans le diocèse actuel d'Angoulême, formé d'une partie de celui de Saintes, sont : Saint-Eutrope de La Garde-Rotard, ancien prieuré, en la paroisse de Condéon, commune du canton de Baignes; Saint-Eutrope de Muraux, prieuré de l'abbaye de Baignes; Saint-Eutrope de Rioux-Martin, canton de Chalais; Saint-Eutrope de La Lande, canton de Montmoreau; Saint-Eutrope de Bioussac, canton de Ruffec, avec une chapelle près d'une fontaine; au village de Boisaugeais, paroisse de Saint-Gervais, même canton, une vaste chapelle de Saint-Eutrope, lieu de pèlerinages, avec cimetière où les habitants du lieu et des environs tiennent par dévotion pour lui à se faire enterrer; Saint-Eutrope de Saint-Claud, arrondissement de Confolens, pèlerinage très fréquenté le 30 avril. A l'ancienne abbaye de Grosbos, aujourd'hui village de la commune de Charras, canton de Montbron, arrondissement d'Angoulême, saint Eutrope avait un autel ainsi que sainte Quiterie, dont on possédait des reliques.

Dans l'Anjou et le Maine il y a : Saint-Eutrope, hameau de la commune de Craon (Mayenne) ; Saint-Eutrope de Chantelou; Saint-Eutrope, commune de Huillé, canton de Duretal, arrondissement de Beaugé. Montpollin, canton de Baugé (Maine-et-Loire), donné à l'abbaye de Saintes par Geoffroy Martel et la comtesse Agnès en 1047, a une église du xve siècle dédiée à saint Eutrope et un autel du saint. Une lettre de dom Hervé Ménard, datée de Saint-Aubin d'Angers, 7 mai 1701, à dom Mabillon, parle d'une église de Saint-Eutrope auprès du prieuré de Levière ; il pensait que peut-être la paroisse de Châteaupanne, commune de Monjean (Maine-et-Loire), lui avait été dédiée ; et le 17 juillet 1701, il ajoutait : « Il y a à Chalonne un prieuré ou chapelle dédiée à saint Hervé ; ce bénéfice est uni à la cure de Châteaupanne, et est distant d'environ quatre heures. Il y a sur l'autel de cette église une ancienne figure de saint Eutrope, qui donnera peut-être à V. R. lieu de croire que cette église s'appelait autrefois Saint-Eutrope, et qu'elle n'a eu le nom de saint Hervé qu'à cause que ce solitaire s'y seroit retiré ».

Clermond-Ferrand a son quartier Saint-Eutrope, au faubourg Saint-Alyre. Dans ce quartier, qui a été le centre religieux de toute l'Auvergne, une église s'éleva au ve siècle en l'honneur de saint Etienne, par les soins de la femme de saint Namace, neuvième évêque de Clermont. Détruite par les Normands au viiie siècle, elle fut reconstruite sous le nom de Saint-Patrocle. Dom Ruinart ajoute qu'elle a, au xvie siècle, pris le nom de Saint-Eutrope. De nos jours, l'église Saint-Eutrope a été réédifiée ; et le 28 août 1862, on l'a érigée sous le vocable du saint cœur de Marie ; saint Eutrope n'est plus que le patron secondaire. Mais la population n'a pas ratifié ce changement, inspiré par un zèle mal éclairé. Pour tout le monde, la nouvelle église est encore, comme l'ancienne, l'église de saint Eutrope. Une parcelle de ses reliques y a été portée par le supérieur du grand séminaire de Clermont, M. Hamon, depuis curé de Saint-Sulpice.

Ebreuil, canton de Gannat (Allier), a une chapelle et une relique de saint Eutrope. Une chapelle, dans la cathédrale de Moulins, lui était dédiée, et contenait la moitié d'une de ses côtes donnée, l'an 1385, en présence d'Arnaud Gavin, chanoine de Saintes, et de Théobald de Neuilly, secrétaire du duc, par Guillaume de « Bernuchia », prieur de Saint-Eutrope, « de sarcofago assumptam », à Louis II, duc de Bourbon, comte de Clermont, lorsqu'il assiégeait Taillebourg, occupé par les Anglais; et ce fait, tout récemment mis en lumière, fournit une preuve irréfutable de l'authenticité des reliques, puisqu'à l'ouverture du tombeau on n'y constata que vingt-trois côtes. Cette moitié de côte, enlevée au reliquaire de l'église haute, qui, outre le chef, contenait encore la mâchoire inférieure et le bras, était destinée à la collégiale de Moulins, que Louis de Bourbon fonda cette année même. Le duc la partagea en deux; l'une de ces parties fut enchâssée dans un riche reliquaire, et resta là ; l'autre, il la donna à Jean Baudreuil, son secrétaire et maître de ses comptes à Moulins, qui probablement en fit quelques largesses : car on trouve une mention de cette côte en 1470, à Châteaudun ; et, suivant l'usage de prendre une partie pour le tout, chacun prétendait avoir la côte de saint Eutrope. Ce fragment fut conservé longtemps avec respect dans la famille Baudreuil, à Saint-Pierre le Moutier. Plus tard, Durand Baudreuil le divisa encore et le partagea avec les frères prêcheurs de Nevers, y mettant cette condition qu'ils prieraient le saint pour sa famille et ses amis. L'acte est du 30 avril 1469.

Une confrérie de Saint-Eutrope s'établit aussitôt dans la collégiale de Moulins, l'année même où Louis le Bon y apporta le précieux ossement. Le 24 avril 1410, elle reçut la donation d'une maison en la place de Montaigu, laissée par Guillaume du Val à l'œuvre de la confrérie et aux confrères de « monsieur saint Eutrope ». Le 9 décembre 1724, le chapitre de la collégiale, attendu que la chapelle de saint Eutrope est en mauvais état et abandonnée par les anciens propriétaires qui n'en réclament pas l'usage, concéda à perpétuité à Griffet de La Baume, trésorier de France, demeurant à Moulins, paroisse d'Iseure, la chapelle pour y être inhumé lui et sa femme et leurs descendants en ligne directe. Le 22 juin 1769, la veuve de Philibert Griffet de La Baume l'abandonne de nouveau au doyen du chapitre. Par acte du 26 octobre 1621, elle avait été vendue à Jean Delorme de Beauregard, médecin du roi et de la reine-mère. C'est aujourd'hui la chapelle où sont placées les reliques de Benoît Labre.

A Sens, la cathédrale possède une magnifique verrière (1530) attribuée à Cousin, le créateur de l'école française, qui représente en huit tableaux les scènes principales de la vie du saint, comme nous l'avons vu plus haut.

Une chapelle y avait été fondée en 1316 par un chanoine, Guillaume du Plessis, et restaurée en 1530 par deux autres chanoines Sénonais, Nicolas Richer et Nicolas Fritard, son neveu, qui certainement firent les frais de la verrière. Quand on a, en 1872, modifié cette chapelle, il a été impossible d'y remettre en place cette verrière, qui a été transférée dans une autre fenêtre. Et dans cette chapelle ainsi arrangée on a placé trois petites verrières de M. E. Didron : au milieu saint Eutrope en pied, avec les attributs d'évêque-martyr, crosse, mître, hache, flagrum et palme ; et de chaque côté des médaillons : Eutrope, en faisant le signe de la croix, guérit un possédé ; Eutrope tend au Christ un pain et un poisson ; Eutrope, accablé de coups de pierres, a la tête fendue par un soldat ; Eutrope montre sa blessure à des religieux.

En Bretagne, on trouve Saint-Eutrope, village de la commune d'Allaire, arrondissement de Vannes ; Quintin, canton de l'arrondissement de Saint-Brieuc, où une chapelle lui est dédiée ; Saint-Eutrope, hameau de la commune de Plougonven, arrondissement de Morlaix, département du Finistère. A Lanrodec, arrondissement de Guingamp (Côtes-du-Nord), près de Châtelaudren, canton de Plouagat, existait un pèlerinage très fréquenté le 30 avril. Une vieille statue représente saint Eutrope avec un ventre monstrueux d'où les intestins paraissent sortir. On le prie contre la colique et l'enflure.

Reims conserve un chef de saint Eutrope en argent doré. A Montceau, commune de Saint-Parres-les-Vaudes, canton de Bar-sur-Seine (Aube), une fontaine dédiée à saint Eutrope guérit de la fièvre ; on y vient en pèlerinage et de nombreux ex-voto y sont suspendus. L'ancienne abbaye, prieuré avant 1621, de Macheray ou Macheret, commune de Saint-Just, arrondissement d'Epernay, possédait quelques os du saint. C'est ce motif qui engagea Desguerrois à écrire la vie d'Eutrope dans son livre « *La saincteté chrétienne*, contenant les vie, mort et miracles de plusieurs saints de France et autres pays, dont les reliques sont au diocèse et ville de Troyes.... » L'auteur débute ainsi : « Orcs à raison que saint Eutrope nous a gratifié d'une petite châsse de ses reliques qui sont au prieuré de Macherets, nous parlerons icy de luy, de sa vie, ses gestes et sa mort ». Ces reliques consistaient en une partie du bras, que le prieur Nicolas de Pons y avait apporté en 1625. On l'y avait en grande vénération ; et depuis cette époque, la fête s'y célébrait le 30 avril.

L'office figure dans les missels et bréviaires du diocèse, depuis l'année 1200, époque où, cédant à un mouvement qu'on pourrait appeler patriotique, les diverses églises, en remaniant leur liturgie, adoptèrent les saints fondateurs des autres églises, et firent entre elles un échange fraternel. Celui de Troyes prit ainsi les saints d'au moins trente diocèses, notamment Saintes, Bordeaux, Marseille, Châlons, etc. Le plus ancien bréviaire imprimé (1524) contient la légende du saint, que les suivants ont répétée jusqu'à l'introduction (1847) de la liturgie romaine.

Dans les Landes, aux diocèses d'Aire et de Dax, Labastide d'Armagnac, canton de Roquefort, arrondissement de Mont-de-Marsan, avait une confrérie et une chapelle de Saint-Eutrope ; Argelouze, canton de Sore, arrondissement de Mont-de-Marsan, une chapelle de Saint-Eutrope. Près de l'église de Taller, canton de Castets, arrondissement de Dax, est une fontaine appelée fontaine de Saint-Eutrope, but d'un pèlerinage qui a été très fréquenté. A Audon, canton de Tartas, arrondissement de Saint-Sever, existe aussi une fontaine de Saint-Eutrope, ou Saint-Estropy,

comme prononcent les paysans ; les enfants qui naissent
le jour de la fête du saint sont estropiés. En revanche,
l'eau de la fontaine guérit les estropiés qui s'y vont laver.

Il y a encore une fontaine au Muret, commune de Sau-
gnac, et à Villeneuve de Marsan ; un autel, à Sarbazan,
canton de Roquefort ; à Vialotte, commune de Lugaut,
arrondissement de Mont-de-Marsan ; à Souprosse, canton de Tartas. Trensacq, canton de Sabres ; Saint-
Maurice, canton de Saint-Sever ; Sainte-Eulalie en Born,
canton de Parentis, l'ont pour patron secondaire. A Dax
est l'hôpital Saint-Eutrope, jadis prieuré jusqu'en 1789 ;
et l'abbatiale avait du côté de l'épître un autel à lui dédié.
Près de Dax, à Navarosse, une fontaine attire un grand
concours de peuple ; une autre fontaine est à Saint-Vincent
de Vert, canton de Labrit, arrondissement de Mont-de-
Marsan, et à Vielle - Saint - Girons, canton de Castets,
arrondissement de Dax. A Callen, canton de Sore, c'est
un titre d'honneur pour les enfants d'avoir fait leurs premiers pas sur l'autel de Saint-Eutrope.

Dans le Lot-et-Garonne, nommons Saint-Eutrope de
Montclar d'Agenais et Saint-Eutrope de Born, canton de
Villeréal, arrondissement de Villeneuve sur Lot. A Mont-
sempron-Libos, station du chemin de fer d'Orléans, est une
crypte de saint Eutrope tout récemment restaurée, qui
attire une affluence considérable, le 30 avril, et cela depuis un temps immémorial.

Dans le Tarn-et-Garonne, Aucamville, canton de Ver-
dun, arrondissement de Castel-Sarrazin, a une confrérie.
Là, ce sont les tisserands, qui, depuis 1672, l'ont pris pour
patron, sans doute à cause de ce nom d'Eutrope, εὖ

τρέπω, *je tourne bien*, allusion à la navette. Tous les confrères doivent chômer la fête à partir des premières vêpres sous peine d'une livre d'amende pour les maîtres, une demie pour les apprentis. Les statuts ont été approuvés par le cardinal de Bonzy, archevêque de Toulouse. Enrichie d'indulgences par les papes, dotée de reliques notables, la confrérie existe toujours, sauf ses privilèges abolis par le concordat A Caussade, arrondissement de Montauban, existait aussi une confrérie, à laquelle un testament de 1428 notamment lègue plusieurs livres d'huile pour le luminaire de « sent Estropy, *luminarie beati Estropii* ».

Montricoux, canton de Nègrepelisse, avait une statue et une confrérie de saint Eutrope. Les registres, qui remontent à 1609, constatent à cette époque que « monsieur saint Eutrope » a toujours été en grande vénération dans le pays. Le 30 avril était chômé, et il était expressément défendu de travailler dans la ville. Tous les jours de l'octave, il y avait sermon et bénédiction dans la chapelle du saint. On y allait baiser la relique, *azoura*, comme on dit en patois, *ad os*, porter à sa bouche. L'évêché de La Rochelle a accordé des reliques à l'église ; et le 18 septembre 1866, on en célébra la translation avec grande solennité. La châsse était portée par les confrères de saint Eutrope. Encore aujourd'hui on ne travaille pas le jour de la fête. De fort loin, on vient implorer le martyr ; il ne se passe pas de semaine sans qu'on voie quelques pèlerins.

Sur les bords de la Seye, à Verfeil, canton de Saint-Antonin, existait, en 1170, un monastère d'hommes avec une église sous le vocable de Notre-Dame d'Alzonne, qui disparut pendant les guerres des Albigeois. Une église de

Saint-Eutrope d'Alzonne est mentionnée dans un legs du 12 décembre 1451. Elle était tombée en ruines; et pourtant les fidèles continuaient de s'y rendre en pèlerinage. Un vieillard de 64 ans, qui vivait encore en 1863, Antoine Moulin, fils d'un docteur en médecine, perclus pendant six ans, fut porté par sa mère sur les débris de la chapelle, et, après une prière, il put revenir à pieds chez lui. On construisit un nouvel édifice. La bénédiction eut lieu le 30 avril 1855, au milieu d'une foule immense. D'après une lettre de M. Salignac, curé de Verfeil-sur-Seye, une femme nommée Roques et son fils François Roques, de Millard (Tarn), affligés de douleurs de reins depuis dix ans, furent ce jour-là même à peu près complètement guéris. Le 12 mai, Marie-Zélie Malirat, de Cayeux (Tarn-et-Garonne), percluse des jambes, fut portée à Saint-Eutrope et guérie. En 1859, un enfant de six ans, Favarel, de Mouzieys, qui n'avait pu encore faire usage de ses jambes, fut porté à la chapelle, et retourna à pieds chez lui, en présence de deux cents personnes. En 1860, une femme d'Arnac y recouvra l'ouïe. Trois ans plus tard, une fille de François Cophignan, de Laborie du Rouergue, paralysée des jambes, put marcher après une neuvaine à Saint-Eutrope. « J'aurais, ajoute le curé, mille faits de la même nature que ceux que je viens de citer. Je les passe sous silence pour le moment ». Les pèlerins boivent avec foi de l'eau de la source qui a son réservoir dans la chapelle même. « De nombreuses grâces et guérisons y sont obtenues. Je suis heureux, écrit un ecclésiastique, d'attester qu'après une seule lotion, je vis disparaître les dépôts séreux qui fermaient chaque matin les paupières de mon œil droit entamé par une arme tranchante à l'âge de quatre ans ».

Dans l'Aveyron, Salmiech, canton de Cassagnes-Begonhès, arrondissement de Rodez, avait une chapelle où l'on vénérait ses reliques. Les mères y conduisaient leurs enfants malades pour obtenir leur guérison. Cette chapelle qui menaçait ruine, fut interdite au culte, il y a une trentaine d'années et finalement démolie. Les reliques ont été transférées dans l'église d'Auriac.

Dans la Dordogne, existent des pèlerinages de saint Eutrope ; à Lanquais, canton de Lalinde, arrondissement de Bergerac ; à Payzac, canton de La Nouaille, arrondissement de Nontron. Les églises suivantes l'ont pour patron : Sainte-Marie de Chignac, canton de Saint-Pierre de Chignac, arrondissement de Périgueux; Carlus, chef-lieu de canton ; Archignac, canton de Salignac ; Meyrals, canton de Saint-Cyprien, tous trois de l'arrondissement de Sarlat; Saint-Aquilin, canton de Neuvic, arrondissement de Ribérac. Il est encore honoré à Teillots, canton de Hautefort, arrondissement de Périgueux ; à Lusignac, canton de Verteillac, arrondissement de Ribérac ; à Maurens, canton de Villamblars, arrondissement de Bergerac. Dans la paroisse de Sainte-Aulaye, se tient, le jour de sa fête, la foire de Saint-Eutrope, près d'une fontaine où bien des gens baignent leurs membres avariés.

Dans le diocèse de Bordeaux, la fête de saint Eutrope était chômée, puisque, le 9 juin 1603, le cardinal de Sourdis, supprimant un certain nombre de fêtes, remit la sienne à dévotion. En 1613, il fonda à Barzac une congrégation de Saint-Eutrope, et l'église du lieu le compte au nombre de ses patrons. L'église métropolitaine de Bor-

deaux conservait une relique de saint Eutrope dont parle
Lopez. On lui avait même érigé dans la cathédrale un autel
qu'on a enlevé depuis pour y mettre le mausolée du cardinal
de Cheverus. Sur la place Saint-André une église paroissiale
portait son nom. On l'appelait anciennement l'église
Notre-Dame de la Place. Elle appartint ensuite au séminaire des Irlandais ; il s'y faisait tous les ans, au 30
avril, un grand concours de fidèles.

A Roaillan, canton de Langon, arrondissement de Bazas,
il y a une chapelle du xiie siècle, qui a toujours vu une
grande affluence, au 30 avril, se prosterner devant une
vieille statue de l'évêque martyr. A Gajac, canton de Bazas, sa fête est encore célébrée. A Escaudes, canton de
Captieux, arrondissement de Bazas, est une relique, et
une fontaine thermale, où, le jour de la fête du saint, les
rhumatisants plongent leurs membres malades. A Libourne,
une rue près de l'église porte son nom. L'ancienne église
de Salaunes, doyenné de Castelnau de Médoc, récemment
remplacée par une bâtisse moderne, avait une chapelle à
son nom. A Bellefont, annexe de la paroisse de Romagne,
dans le canton de Targon, il y a une chapelle de secours
sous le vocable de saint Eutrope. Il en est de même des
églises paroissiales de Bourdelles et Les Esseintes, toutes
deux dans le canton de La Réole.

Dans l'Hérault, à Castanet-le-Haut, canton de Saint-
Gervais, son culte est encore florissant. Au milieu d'un tas
d'énormes roches, à plus de 800 mètres d'altitude, s'élève
une chapelle rustique, à côté de laquelle coule une source
attribuée à ses prières ; et un peu plus bas est une grotte où
il a vécu, dit-on ; l'on y montre encore l'empreinte de ses

bras et de ses mains. Le 30 avril, on s'y rend en procession de toutes parts, avec croix, bannières, drapeaux. Des messes nombreuses y sont dites ; l'on plonge dans la source les enfants lents à marcher et les malades. « Plusieurs fois déjà des guérisons ont donné raison à cette confiance ».

L'ancienne cathédrale de Lodève, Saint-Fulcran, a une chapelle sous son nom; de même l'église paroissiale de Poujol, canton de Saint-Gervais, arrondissement de Beziers.

Dans la Haute-Garonne, à Sainte-Foy de Peyrolières, canton de Saint-Lys, arrondissement de Muret, existent une chapelle et une confrérie portant son nom.

A Beziers, où une rue porte son nom, de tout temps on a vénéré l'apôtre de la Saintonge dans l'église de la Magdeleine. Avant la révolution, on y exposait aux grandes solennités, sur le maître-autel, une relique insigne dans une riche châsse en forme de calice. Sous le nom de saint Estropi, tous les estropiés de la contrée l'invoquent, un peu à titre de parent. Le 30 avril, une foule immense vient baiser pieusement ses reliques, implorer son secours dans la paralysie et autres maladies de ce genre. De nombreux ex-voto prouvent que son intercession n'a pas toujours été sollicitée en vain. Il n'y a pas de solennité religieuse qui attire un plus grand concours de peuple, pas même la fête de saint Aphrodise, l'apôtre de Beziers. Le 30 avril, à la nuit tombante, une confrérie fort nombreuse, composée d'hommes du peuple, vêtus en pèlerins, part de Saint-Jacques et va à la Magdeleine prendre « la lumière de saint Eutrope ». Sur l'autel, splendidement éclairé pour les recevoir, les pèlerins allument leur cierge qui leur sert à revenir à leur point de départ. Dans l'église est un pilier dont les estropiés font le tour en invoquant le saint dans l'espoir d'une guérison. L'église de Saint-Aphrodise conserve un os de la jambe de saint Eutrope envoyé de Rome en 1740 par le cardinal vicaire Antoine Guadagni, et donné par le père Léopold de Limoges, capucin, à l'abbaye du Saint-Esprit, où elle était restée jusqu'à la révolution. Mais on voit bien qu'il ne s'agit pas ici du premier évêque de Saintes.

Dans la paroisse de Saint-Junien les Combes, près de Bellac (Haute-Vienne), était jusqu'à la révolution une chapelle consacrée, en 1460, par Michel, évêque de Nicosie, coadjuteur de Limoges, qui y mit des reliques du saint. « Ibi recondidit presentes reliquias in honore S. Eutropii, pontificis et martyris ». On y allait encore en dévotion l'an 1848. Un particulier du bourg de Berneuil la reconstruisit, quatre simples murs, pour spéculer sur les visites des pèlerins.

Favars, canton de Tulle, a une chapelle du saint et pour fête paroissiale Saint-Eutrope, le 1er dimanche de mai. On y vient de tout le département assister à la procession, puiser de l'eau à la fontaine à laquelle on attribue une vertu surnaturelle pour guérir la maladie dite la naoudzo, infirmités qui arrivent aux enfants.

Dans le Loiret, les églises de Bazoches sur le Bez, canton de Courtenay, arrondissement de Montargis, et de La Brosse, canton de Malesherbes, arrondissement de Pithiviers, l'ont pour patron, et aussi l'église paroissiale du hameau Le Grand-Village. Saint-Maurice sur Avéron, canton de Châtillon sur Loing, possède des reliques qui viennent de l'église de Châtillon.

Près de Chartres existe une chapelle de Saint-Eutrope.

Nous avons vu qu'en Nivernais dans la famille Beau-dreuil de Saint-Pierre le Moutier, et chez les jacobins de Nevers on avait possédé une partie de la côte de saint Eutrope prise à Saintes. Une parcelle d'ossement est encore dans l'autel de Challemant, canton de Brinon, arrondisse-ment de Clamecy; c'est celle qu'y avait déposée en 1612 Eustache du Lys. A Arquian, canton de Saint-Amand, ar-rondissement de Cosne, l'église reconstruite fut consacrée le 13 avril 1856 et dédiée à saint Eutrope, patron de l'an-cienne. Le curé, Etienne Martin, avait obtenu de l'évêque de La Rochelle, Villecourt, quelques parcelles des reliques du saint, qui furent placées dans l'autel, avec celles de saint Savinien et saint Potentien.

Il faut très probablement y ajouter Decize sur Loire, ville voisine de Saint-Pierre le Moutier et de Moulins. Une tradition, avec l'exagération usitée en pareil cas, nous montre, au lieu d'un fragment d'os, « les précieuses dépouilles de saint Eutrope dans le prieuré de Saint-Pierre, autrefois dépendant de l'abbaye de Saint-Germain d'Auxerre. » En effet, lorsque les religieux de la province de France, raconte le révérend père Simon Martin en sa *Vie des saints*, « furent mis dans ce prieuré que les béné-dictins avoient abandonné, ils trouvèrent dans leur vieux bréviaire manuscrit, au dernier jour d'avril, qu'il y falloit faire l'office de saint Eutrope parce que les reliques de ce

saint étoient dans leur église. » Au lieu des « reliques »
et « dépouilles », lisons « la relique, » et nous aurons
l'explication toute simple du fait, sans recourir, comme
l'auteur, à l'hypothèse d'un autre saint Eutrope, dont la
fête se serait célébrée le même jour que le nôtre

XII

ENDOME possédait des reliques du martyr santon. Elles avaient été données, en 1040, à la Trinité par le fondateur de cette abbaye, le comte d'Anjou, Geoffroy Martel, qui fonda aussi l'abbaye de Sainte-Marie à Saintes. On accourut de toutes parts pour les vénérer, et l'affluence dura jusqu'à l'époque de la révolution. On les conservait dans une châsse ornée de statues, couverte de vermeil, enrichie d'émaux et de pierres que l'on portait pieds-nus, chaque année, à la procession des corps saints. Elles furent sauvées du bûcher en 1792, reconnues authentiques en 1803 par Bernier, évêque d'Orléans et de Blois, et livrées de nouveau à la vénération des fidèles. En 1851, Pallu du Parc, évêque de Blois, ancien vicaire général de La Rochelle, les fit disparaître dans le plus grand secret et les remplaça par deux phalanges qui furent aussi placées dans un magnifique reliquaire de bois sculpté.

Les reliques de Vendôme consistaient en quelques ossements et « la chemise du saint en toile assez grossière. » Et comme on est toujours en ces matières portéà l'exagération, le bruit se répandit qu'on possédait le corps entier. Ce fut même pendant tout le moyen âge et jusque à nous une tradition accréditée, que le bréviaire de Blois répétait. Les bénédictins la croyaient fermement ; et le docte Mabillon lui a prêté l'autorité de son nom : c'était Geoffroy Martel lui-même qui avait transporté à Vendôme le corps entier. En 1070, dix ans après la mort du comte d'Anjou, l'évêque de Chartres avait consacré une chapelle construite au milieu du cimetière de la Trinité, surtout pour les pauvres et les serviteurs du monastère, en l'honneur de la Vierge, puis du pape saint Léon, d'Eutrope, évêque de Saintes et martyr, de Léonce, évêque de Saintes et confesseur, de saint Colombe, abbé, de sainte Brigitte, vierge, et autres. Mais Mabillon, qui s'appuie sur une pièce de l'abbaye, l'avait lue avec des yeux prévenus ; et il y avait vu le corps entier où il n'y avait très certainement que des reliques ; c'est ce qui résulte du document lui-même transcrit par doms Martenne et Urbain Durand, et où il est seulement question de la dédicace en l'honneur des saints Eutrope, Léonce et autres. Mabillon d'ailleurs qui a parlé plus d'une fois de la prétention de ses confrères de la Trinité à

bord du Clain, est la fontaine dite de Saint-Macoux, lieu de pèlerinage où l'on vient de fort loin invoquer l'apôtre breton pour la guérison des enfants macouins, c'est-à-dire noués. Sur le mur qui entoure la source, une pierre, reste d'une ancienne chapelle, transformée aujourd'hui en grange, montre gravés en gothiques saillantes ces cinq hexamètres :

ANTE DIEM QVA SVMPTA FVIT PIA VIRGO POLOR[VM]
SEDE MANV PROPRIA HEC ALTARIA SACRA DICAVIT
CVMQVE CIMETERIO BENEDIXIT ET IPSE CAPELLAM
MARGARITE CAROLVS PRESVL REVERANDVS ET ABBAS
MARTYRIS EVTROPI SANCTIQVE IN HONORE MACVLFI.
IX8Λ

Ils prouvent que « Charles de Saint-Gelais, abbé de Montierneuf, évêque de Margi, actuellement Passorowitz en Serbie », mort l'an 1500, avait, le 24 août 1485, consacré ce saint autel, et béni les cimetière et chapelle en l'honneur du martyr Eutrope et de saint Macoux.

Dans les Deux-Sèvres, il y avait : chapellenie en l'église de Saint-Pierre, à Mauzé-Thouarsais, canton de Thouars, arrondissement de Bressuire ; chapellenie d'Ervaut ou de Saint-Eutrope des Baudets ou Bodès, en l'église de Sainte-Croix, à Parthenay, dont le revenu était de 60 livres, à la présentation du curé, à la collation du chapitre (1660) ; chapelle domestique au château de Moiré, paroisse de Soulièvre, canton d'Airvault, arrondissement de Parthenay ; chapelle dans l'église de Javarzay, canton de Chef-Boutonne. A Ternant, commune de Mazières-en-Gâtine, arrondissement de Parthenay, on voit les débris de sa chapelle, où fut, « le 13 juin 1653, enterré maistre Daniel Grassin,

régent de Chef-Boutonne, devant le lieu où fut l'autel
Saint-Eutrope, que ses enfants feront rebastir et orner ; »
on l'y prie contre les maux de tête. Deux cures de l'archiprêtré de Frontenay, ancien diocèse de Saintes, Le
Vanneau, à la collation du prieur de Saint-Pierre de Juil-
lers, et le Cormenier, à la collation de l'abbé de Montierneuf,
lui étaient dédiées. Au Cormenier, canton de Beauvoir,
arrondissement de Niort, le jour de sa fête, on lui vient
présenter les enfants pour qu'il les guérisse de l'enflure.
Il avait une chapelle à Niort, qui fut, l'an 1710, réunie à
l'oratoire fondé dans cette ville en 1626.

Dans le nord de la France le culte de notre saint n'était
pas moins populaire. En Normandie, à Serigny, canton
de Bellême, arrondissement de Mortagne (Orne), l'église
a une statue du saint pour lequel la population conserve
encore une grande vénération, et qu'elle vient fréquem-
ment invoquer. La paroisse de Pierreville-Bacqueville,
arrondissement de Dieppe, est sous son vocable. Encore
aujourd'hui on y vient de fort loin prier devant sa statue.
Il y a une confrérie du saint, qui date de 1660, sous l'épis-
copat de Rouxel de Médavy, et qui fut confirmée par un
autre archevêque de Rouen, le cardinal de Saulx-Tavannes.

Au château de La Fontaine du Houx, commune de Be-
zu-La-Forêt, arrondissement des Andelys, une chapelle est
dédiée à saint Eutrope. Louis XI l'y venait implorer ; un
pèlerinage y a encore lieu, le 30 avril. Dans l'Eure, au Breuil-
Benoist, commune de Marcilly sur Eure, arrondissement
d'Evreux, sont les ruines d'une abbaye du XIIe siècle. L'église
possède une châsse du XVIe siècle ; l'origine du culte de l'a-
pôtre saintongeais dans cette paroisse est ainsi exposée

dans les *Recherches historiques sur l'abbaye du Breuil-Benoist :*
Les vieilles légendes viennent déposer le tribut de leurs
merveilleux récits. S'il s'y trouve la trace d'un fait réel
très altéré, ce fait doit se rapporter aux temps de la première croisade, en 1147, dix ans après la fondation de
notre abbaye. Voici ce que racontent les légendaires :
Guillaume de Marcilly, fils du fondateur, part pour la
croisade et a le malheur de tomber aux mains des Turcs.
Dans l'affreuse pensée de passer le reste de ses jours
prisonnier de ces infidèles, il s'adresse dévotement à
Dieu et cherche sa liberté dans la foi. Bientôt, par une
inspiration divine, il se fait placer secrètement dans une
caisse de bois hermétiquement fermée qui, sous un pré-
texte quelconque, est expédiée au-delà des mers, apportée
en France jusque dans l'église de Saint-Eutrope à Saintes.
Là s'opère le dénouement du miracle. Le chevalier Guillaume sort vivant de cette bière d'un nouveau genre, qu'il
veut emporter avec lui au Breuil comme souvenir reconnaissant d'un si grand bienfait. Mais les moines de Saint-
Eutrope, témoins de l'éclatant miracle accompli dans leur
église, y gardent, malgré le seigneur de Marcilly, l'objet
qui doit en conserver la mémoire. Les religieux du Breuil
intentent alors à ceux de Saint-Eutrope un procès, qui menaçait d'être interminable, si le pape, en laissant le coffre
miraculeux aux moines de Saintes, n'avait pas ordonné
que ceux-ci remettraient en dédommagement un os de l'é-
paule de saint Eutrope, qui devint et resta au Breuil l'objet d'une grande vénération. Cette relique était exposée, le
30 avril, jour de Saint-Eutrope ; et l'affluence des populations voisines, que la dévotion attirait ce jour-là à l'abbaye,

obligeait à prolonger la fête le lendemain 1er mai, d'où l'usage de venir de tous les environs à la fête du Breuil, le 1er dimanche de ce mois. C'est sans doute le même prodige que les Bollandistes ont raconté. Le coffre, disent-ils, est encore suspendu dans l'église, objet de l'admiration de tous les visiteurs.

Je ne cite de l'Aunis et de la Saintonge que quelques noms : Blameré, *Blasmeracum*, commune de Puyravault, canton de Surgères, arrondissement de Rochefort, avait une chapelle de Saint-Eutrope dont il ne reste qu'un imperceptible vestige. Dans un document de 1402, on trouve une église de Saint-Eutrope à Marencennes, « Sancti Eutropii de Marancennis », qui probablement est devenue plus tard l'église Saint-Nicolas. Dans l'île de Ré, l'église des Portes qui dépendait d'Ars, fut érigée en paroisse, l'an 1630, sous le vocable de saint Eutrope. Il y a aussi Saint-Eutrope de Voutron, canton de Rochefort.

J'ai parlé, comme étant du diocèse actuel d'Angoulême, de La Garde-Rotard, *Garda Rotardi*, commune de Condéon, donnée, le 12 février 1068, par Itier, seigneur de Barbezieux, à l'abbaye de Saint-Étienne de Baigne qui y établit un prieuré dédié à saint Eutrope, et plus tard annexé à l'infirmerie de l'abbaye; puis de Muraux, Saint-Eutrope de Muraux, à l'extrémité nord-est de la commune de Baigne-Sainte-Radégonde, près de l'étang de Saint-Mégrin et du cours du Tatre, donné aussi à Baigne par Alduin, fils d'Alduin et père d'Itier de Barbezieux, accru en 1182 par Foucaud du Luc, et annexé ensuite à la réfectorerie de l'abbaye.

En l'île d'Oleron, au village de La Brée, commune de

Saint-Georges, s'élevait une chapelle à son nom, qui fut bénite, le 30 avril 1699, en présence de deux mille personnes accourues de toutes les paroisses de l'île. On y fête encore le saint par une foire qui se tient le 30 avril.

Dans l'église de l'abbaye de Masdion, commune de Virollet, canton de Gemozac, il avait une chapelle. Il avait aussi un autel à l'hôpital neuf de Pons dès le XIIIe siècle : car le 13 août 1294, Jean de Lande, chevalier de Montandre, Fyne, sa femme, et Eyguelme, leur fils, chevalier, affectent trente sous de rente sur leurs biens de la paroisse de Saint-Hilaire du Bois à l'entretien d'une lampe perpétuelle devant l'autel du bienheureux Eutrope, martyr, fondée par dame Houppays, fille de Jean de Lande et veuve d'Hélie de Rabaine, chevalier de Pons. En 1345, Guillaume du Fief, notaire de l'église d'Eschebrune, fonda aussi à l'autel de saint Eutrope une chapellenie de quinze messes, pour laquelle Ramnulfe du Fief, son frère, curé de Saint-Crépin, assigna quarante quartières de froment.

Saint-Eutrope de Broue était une cure de l'archiprêtré de Marennes, à la collation de l'abbesse de Saintes, dont le dernier titulaire fut Nicolas Dusouchet qui, après avoir prêté le serment à la constitution civile du clergé, se retira à Richemont près de Cognac. Les derniers pans de mur de l'église, qui s'élevait près de la remarquable tour de Broue, commune de Saint-Sornin de Marennes, ont disparu il y a quelques années.

Saint-Eutrope d'Agudelle, canton de Jonzac, jadis prieuré-cure de l'archiprêtré de Cosnac, à la collation de l'abbé de La Couronne, a pour patron saint Eutrope dont on voit la statue dans l'église. Le 30 avril, la population s'y rend en foule, les femmes y portent des bouts de cierge qu'elles allument de proche en proche, mais dont la première a reçu les flammes de l'autel. Elles y prient pour la santé de leurs enfants, de leurs parents, la conservation de leurs récoltes ; après les messes, elles se font dire un évangile sur la tête. Quelques vieilles femmes l'invoquent sous le nom de *Mehaingre* ou *Supplicié*, qu'elles prononcent le *maigre*. Et comme au maigre est opposé le gras, elles ont vite, à côté de saint Eutrope le maigre, trouvé saint Eutrope le gras ; c'est, on ne s'en douterait pas, la statue de la chapelle voisine, représentant sainte Rose de Lima, patronne du Pérou.

Que de noms nous échappent ! qu'il serait long d'énumérer les pieuses coutumes qui marquent chaque lieu de son culte ! Nous pourrions encore citer au diocèse de Tréguier *Ploegommet*, si nous ne voyons-là un nom mal écrit pour Plougonven, arrondissement de Morlaix, où le hameau de Saint-Eutrope a, le 30 avril, une foire renommée. L'évêque de Tréguier, Jean IV de Plouec (1442-1453), dans ses statuts synodaux de 1450, ordonnait expressément d'y célébrer et chômer la fête du martyr ; ou bien, dans la collégiale de Notre-Dame de Clisson, une chapellenie de saint Eutrope fondée à l'autel de la Trinité par la maison de La Bernardière, dont le titulaire de 1772 à 1790 fut Pierre Richard, recteur de la Trinité. Mais c'est assez ; il est à croire que, si des recherches étaient faites partout, on ne trouverait peut-être pas un diocèse où l'évêque de Saintes n'ait été ou n'est honoré.

XIII

Si l'on voulait résumer les dévotions particulières des
divers pays à saint Eutrope, on trouverait sans
doute une grande variété ; on l'invoque un peu contre
tous les maux, ainsi que les autres saints. « L'apôtre du
pays de Saintonge, disait l'hymne de l'ancien bréviaire,
fait éclater des prodiges vraiment étonnants. Des contrées
les plus lointaines on accourt pour qu'il chasse les maladies.
L'aveugle, enfin rendu à la lumière, voit la puissance du
martyr ; le sourd entend de ses oreilles ouvertes chanter
ses louanges par un peuple ravi ; le prisonnier brise ses

fers, qu'il offre comme hommage à son libérateur ; le pâle hydropique surtout se lève guéri, et marche ».

« Ce grand évêque, ajoute Simon Martin, a fait de tous costés et dans tous les siècles quantités de prodiges fort signalés. Il a tiré miraculeusement de l'eau ou du feu ceux qui devoient y estre ou noyez ou consumez. Il a délivré du fond des cachots des captifs et des prisonniers que leurs ennemis y avoient enfermez. Il en a même transporté un en un instant de Babylone à Saintes, avec la cage d'airain où les infidèles l'avoient enfermé. Il a guéri des malades, ressuscité des morts, chassé des démons des corps de possédez, et opéré d'autres semblables merveilles que l'on pourra voir dans un manuscrit des pères célestins de Paris, dont les continuateurs de Bolandus ont donné la copie au public. L'on y marquera aussi des châtiments terribles que la justice de Dieu a exercez contre plusieurs personnes qui ont eu la témérité de profaner la feste de cet illustre Prédicateur de l'Évangile ».

Le manuscrit (xiiie siècle) de la bibliothèque nationale qui raconte sa vie le constatait dès le moyen âge : « Il guérit toute espèce de maladies ! Grâce à lui les boîteux marchent, les aveugles voient, les sourds entendent, les possédés sont délivrés ; tous ceux qui l'invoquent avec foi trouvent un soulagement à leurs misères ; les prisonniers rendus par lui à la liberté suspendent à son tombeau leurs fers, chaînes et menottes », et le reste, comme nous l'avons vu plus haut.

Chaque bienheureux cependant a une spécialité pour ainsi dire ; et c'est ici, comme dans les faits merveilleux qu'elle lui attribue, que l'imagination populaire se donne libre carrière. Le peuple, en effet, taille ses patrons à sa mesure ; et Dieu sait à quels offices il les réduit parfois. Sa croyance est telle qu'il prête souvent aux saints des biens ou des maux dont ils sont fort innocents. En Saintonge, les enfants chétifs, malingres, rachitiques, sont « battus des saints » ; on invoque tel d'entre eux ; on va en pèlerinage à tel endroit, où souvent il n'y a qu'une pierre, reste d'une église ou d'une chapelle, et le malade est guéri.

Dans le département de la Vienne court ce dicton :

> Les chevaliers de la lune rousse, hélas !
> Marc, Eutrope, Philippe et Nicolas,
> Nous mènent de vie à trépas ;
> Mais le chevalier saint Loup
> Gobe tout.

Ce pouvoir malfaisant, disons-le, n'est reconnu à notre martyr que dans ces vers et à cause de sa fête, 30 avril, époque des gelées tardives qui nuisent à la vigne. Partout ailleurs, et toujours, le serviteur de Dieu est utile à qui le prie.

Ainsi on l'invoque pour obtenir la pluie, et sa châsse est portée en procession, comme on faisait jadis celle de saint Pallais.

Nos annales ont conservé le souvenir d'une procession mémorable faite en 1685 pour les biens de la terre, qui séchaient sur pied. Deux chanoines de Saint-Pierre, de Guip et Tourneur, au nom du chapitre et de l'évêque Guillaume de La Brunetière, vont au prieuré, le 7 mai, à 5 heures du soir, exposer à dom Amand du Caurroy « que, dans le besoing extresme qu'on a d'avoir de la pluye pour la conservation des biens de la terre, ledit seigneur évesque et lesdits sieurs du chapitre avoient esté d'avis de faire une procession générale, dans laquelle on vouloit particulièrement implorer le secours du bienheureux saint Eutrope, patron et apostre de ceste province; » ils demandent donc que le chef soit promené par la ville. Le prieur assemble ses religieux, dom Joseph Cabasson, aumônier, dom Jean Désormes, cellerier, dom Sébastien du Chastel, chantre, et dom Charles du Cauvroy, ancien prévôt, en présence de dom Charles Lieutaud, prieur de Saint-Etienne de Bassac.

Tous sont d'avis « qu'il estoit juste, dans une nécessité urgente comme celle-cy, de seconder le zèle du seigneur évesque, des sieurs chanoines et du peuple dans le recours qu'ils veulent avoir au dit saint Eutrope ».

Le lendemain, à 7 heures du matin, la grosse cloche de Saint-Pierre sonne quatre coups ; c'est le signal convenu. Les Clunistes, revêtus de leurs aubes, et le prieur portant l'étole, se disposent à partir. Arrivent La Fosse, curé de Saint-Sulpice de Cognac, et Alexandre Houmeau, promoteur du diocèse et curé de Sainte-Colombe ; ils s'offrent, vu le petit nombre des moines et leur grand âge pour la plupart, à porter le chef ; et, « revestus d'aubes et de tuniques de drap d'or », ils prennent le brancard sur leurs épaules. Le saint ne s'en va pas seul : car autour du reliquaire sont rangées « diverses personnes qualifiées du bourg, armées d'épées et hallebardes, commandées par les sieurs Birot, Ravaud et Méthé, capitaine, lieutenant et enseigne du dit bourg, aussi armés d'épées pour la garde de la dite relique ».

C'est une escorte d'honneur. Il y a aussi de chaque côté six hallebardiers « pour empescher le désordre qui auroit pu arriver à cause de l'affluance du peuple qui vouloit assister à la dite procession ». Au son des six cloches, on se met en marche. La bannière est portée par Genusson, bâtonnier de la confrérie de Saint-Eutrope, la croix par Hélie Garnier, en aube et surplis, l'encensoir par Hélie Verdon, qui se font gloire de ces fonctions. La châsse est suivie d'ecclésiastiques et des bénédictins, « puis de quantité de personnes de qualité et un grandissime nombre de peuple. » Un autel préparé à la porte Saint-Louis la reçoit ; et la procession « composée de tous les corps, soit ecclésiastiques, soit séculiers », les récollets, les cordeliers, les jacobins, puis les officiers du présidial, messieurs du corps de ville, arrive, et après l'encensement et les prières se met en marche, suivant le parcours ordinaire, comme dans les fêtes solennelles, et revient au point de départ. L'évêque donne avec la relique la bénédiction au peuple ; on la ramène dans l'ordre précédent à l'église haute, où le prieur donne une nouvelle bénédiction au chant de « plusieurs himnes et antiennes ».

Un contemporain, Le Berton de Bonnemie, lieutenant général en la sénéchaussée de Saintonge, nous a laissé le souvenir d'une autre procession en 1777. La sécheresse qui se prolongeait « endommageait les vignes. » Le 10 août, on commença à la cathédrale des prières publiques qui durèrent trois jours et les dimanches suivants ; puis les vicaires généraux ordonnèrent des processions dans toutes les paroisses et, le 23, les prières des quarante heures; et, comme la sécheresse continuait, on fit une procession le dimanche 30. Après complies, les Clunistes tirèrent « le chef de la niche et on le porta, les religieux en aube, jusqu'au reposoir de la porte Saint-Louis, sur la boutique du sieur Robin, marchand confiseur près le puits. Le chef fut porté alternativement par MM. les vicaires de Saint-Vivien et de Saint-Eutrope, M. Morize, aumônier de l'évêché, et Marton, missionnaire. » Le chapitre le ramena au reposoir, « ce qu'il avait refusé de faire en 1774.» A peine y était-il posé que « le vent jusqu'alors et depuis longtemps plein nord, se tourna à l'orient. Le lendemain, 31, sur les neuf heures du matin, il tomba un peu de pluie. »

En 1785, Saintes fut témoin d'une cérémonie semblable. C'était sous Pierre-Louis de La Rochefoucauld, dernier évêque de Saintes, qui fut martyr de la foi comme Eutrope. La pluie avait désolé la Saintonge pendant deux années successives, 1782 et 1783. En 1785, vint le tour de la sécheresse. Il ne tomba pas d'eau de la mi-mars à la fin de juillet. Les habitants se plaignent. On expose au maire « la nécessité de recourir à Dieu, pour obvier à la calamité qui s'ensuivrait nécessairement ». Deux députés, Moufflet et Fruger, échevins, obtiennent de l'abbé de Luchet, premier vicaire général, qu'on fera trois processions, le 10, le 11 et le 12 avril. Mais la sécheresse continue. Le 22, à l'unanimité, le corps de ville envoie Mareschal et Briaud, échevins, à l'évêché pour rendre « sensible l'état et la situation des biens de la nature ». La Rochefoucauld, cédant à ces instances, ordonna une procession générale et publia cette lettre pastorale : «..... La religion catholique nous offre des intercesseurs que leur sainteté a placés dans le ciel, qui jettent sur nous des regards de compassion, et dont l'ardente charité s'intéresse à nos malheurs. Ce sont surtout ceux qui ont vécu parmi nous, qui ont des droits particuliers à nos hommages et à notre confiance ; ce sont ceux dont les saints ossements, dont les précieuses reliques ont plus d'une fois sauvé les peuples, et dont la puissante protection attire les bienfaits de Dieu, ou suspend ses vengeances. Dans ce moment de trouble et d'inquiétude, où une longue sécheresse désole nos campagnes, où le cultivateur a déjà éprouvé des fléaux alarmants, où il craint d'en éprouver de plus grands encore, qui rejaillissent sur toute la nation, que pouvons-nous faire de plus édifiant, de plus conforme à la foi, que de rendre un culte solennel à cet immortel pontife, dont les cendres, conservées au milieu de nous, répandent encore, après plusieurs siècles, une odeur de sainteté et de vertu, et de réveiller la piété des fidèles en exposant à leur vénération les restes d'un grand homme qui, pendant sa vie, fut notre frère, qui, depuis sa mort, est notre appui » ?

En conséquence, le 24 avril, après vêpres, eut lieu, par toute la ville, une procession solennelle où l'on porta le chef. Les six paroisses, les différentes communautés, le présidial, l'échevinage y assistèrent. Le cortège partit de la cathédrale pour aller chercher la relique à la porte Saint-Louis, suivant l'usage. Quatre séminaristes en dalmatique la portèrent pendant la procession ; devant la cathédrale, elle fut encensée par l'archidiacre de Saintonge, Jean-Louis-André de Luchet, en l'absence du doyen. Le chapitre la reconduisit jusqu'à la porte Saint-Louis, où les moines de Cluny la reprirent.

Une note d'André, curé de Saint-Eutrope, dit : « Du 3 au 11 août (1856), a eu lieu une neuvaine en l'honneur de saint Eutrope pour demander de la pluie; on a obtenu un peu de pluie au milieu de la neuvaine, et dans la nuit du dernier jour. On s'est abstenu de sortir le chef. »

Nous avons, de notre temps, vu une cérémonie pareille avec moins de pompe officielle, mais avec un concours de peuple aussi grand. En 1861, après deux mois d'une sécheresse qui, surtout au printemps, compromettait les récoltes, on décida de faire une neuvaine à saint Eutrope, qui serait suivie d'une procession. Le mardi, 28 mai, on porta dans l'après-midi le chef dans les principales rues de la ville. Une foule immense le suivait, composée surtout d'habitants de la campagne. La procession n'était pas terminée que le ciel se voila, et dans la nuit il plut abondamment.

Saint Eutrope est encore invoqué, on l'a vu, contre les maux de tête. Le coup de hache sur son crâne suffit à expliquer qu'on ait pu lui prêter de la compatissance pour ceux qui souffrent de migraines.

Le plus communément, on le prie contre la paralysie des membres, l'impuissance de remuer bras et jambes, la faiblesse des enfants qui ne peuvent marcher, et aussi contre l'enflure, l'hydropisie. Et dans ces deux cas nous constatons encore cette inclination fatale des populations à prêter aux êtres surnaturels les passions, les sentiments,

les vertus, les faiblesses, les infirmités qu'elles ont elles-
mêmes ; et comme elles n'entendent pas malice aux
finesses du langage ou ignorent complètement la science
des étymologies, elles ont vite traduit en style populaire
des noms savants ou abstraits qui ne disent rien à leur
intelligence. De là des altérations bizarres de mots dans
les personnes ou les lieux ; de là de singuliers jeux
de mots, quelques calembourgs peu raffinés, qui n'ont
d'excuses que leur naïveté même. Est-ce que saint Marcou
n'avait pas une *marque au cou ?* donc il doit guérir les
écrouelles ; saint Clair, les maladies d'yeux ; saint Genou,
la goutte. Saint Malo, qui se prononce de deux manières,
aura aussi deux vertus suivant son nom : *Macutus*, Macoux,
guérira les enfants macouins, c'est-à-dire noués, et *Maclo-
vius*, Maclou, les clous, les furoncles, privilège qu'il partageait
du reste avec saint Cloud, *Clodoaldus*. Saint Fort est le patron
des êtres faibles, et saint Ignace, de ceux qui ont la teigne,
la tignasse étant une chevelure en désordre. Saint Jean,
plongé dans une chaudière d'huile bouillante, à Rome,
devant la Porte Latine, ou plus brièvement saint Jean
Porte-Latine, est le patron des vendangeurs qui eux aussi
portent la tine, tonneau où l'on met le raisin pour le
porter de la vigne au pressoir.

Les *Acta sanctorum* citent dès le XIIIe siècle plusieurs
cas de guérison d'hydropiques. Au XIVe, l'hydropisie
est communément désignée sous le nom du saint ;
c'est le mal de saint Eutrope, comme le mal de saint
Jean ou de saint Leu est l'épilepsie ; de saint Ladre, la
lèpre ; le mal ou danse de saint Guy, la chorée ; de saint
Sébastien et de saint Roch, la peste ; de saint Antoine, le

feu aux jambes ; de saint Nazaire, de saint Victor, de saint Mathurin ou Mathelin, le vertige ; de saint Maixent, l'érésypèle, ou même de saint Martin, l'ébriété. Il y a des textes qui le prouvent. En 1378, des lettres de rémission sont accordées à un nommé Roland, qui « estoit infers d'une maladie nommée ytropice ». En 1371, on lit : « Il survint à icellui Liénart une maladie de saint Eutrope »; et en 1447, « elle dit à son oncle qu'elle doubtoit estre malade de laditte maladie de S. Ytrope ».

Le Poitevin François Rabelais la connaissait sous ce nom ; aussi Dindenault, le marchand de Taillebourg, parle-t-il, lui aussi, du « mal de saint Eutrope de Xaintes, dont Dieu nous saulve et nous gard ».

Le médecin saintongeais, Nicolas Alain, au XVIe siècle, constatait que « depuis longtemps on vient de la Saintonge et des pays voisins, visiter son tombeau, vénérer son chef, surtout ceux qui sont atteints d'hydropisie ».

Louis IX, on l'a vu, sollicitait du saint la guérison de tous ses maux en général et en particulier de son hydropisie : « O Dieu, je vous en prie, pour l'amour et le respect que je porte à saint Eutrope, accordez-moi d'être guéri de tous maux et de l'hydropisie ».

L'ancien bréviaire de Saintes l'invoquait aussi particulièrement pour cela : « O père excellent, délivre tes enfants de l'enflure de l'âme, *animi hydropisim*, afin que victorieux du mal nous puissions monter au trône céleste ».

Par suite de cette association d'idées, qui repose seulement sur un mauvais calembourg, Eutrope, si l'on prononce *Utrope*, *Itrope*, *Idrope*, *Ydrope*, *Hydrope*, devra nécessairement avoir quelque commisération pour l'hydropisie, et il sera invoqué, par ceux qui souffrent de l'enflure en général, de l'hydropisie en particulier ; puisque son nom populaire est Ytrope. Si au contraire l'on prononce *Estrope, Estropi,* ce sont les estropiés qui lui demanderont de leur rendre l'usage de leurs membres. Aussi le voit-on dans une verrière du chœur de Saint-Eutrope bénissant un paralytique que ses parents lui ont apporté, ou bien dans la statue de Châtelaudren, soutenant de ses mains un ventre énorme.

XIV

LES monuments figurés de saint Eutrope et de sainte Eustelle sont fort peu nombreux. Je ne parle pas de ces statues banales d'évêques en stuc ou en plâtre, toutes sorties du même moule et que le fabricant livre à volonté pour un saint Martial, un saint Ausone, un saint Eutrope, un saint Claude ou un saint Germain, en mettant simplement l'étiquette sur le socle. Au moins la vieille statue en bois de Châtelaudren, avec son abdomen proéminent d'où les entrailles sont prêtes à sortir, si grossière qu'elle a mérité d'être mise à l'écart, offrait-elle un type particulier.

Le père Cahier prétend que saint Eutrope est représenté avec un arbre muni de ses feuilles ; ce serait, selon lui, un souvenir du gibet où, dit-on, il expira, et qui fleurit pour marquer la sainteté du martyr. Mais l'explication est erronée, puisqu'il mourut sous la hache. Charles Cahier préfère voir là un arbre où il serait monté pour jeter, d'après la tradition, des branches sur les pas de Jésus à Jérusalem.

On peut aussi, dit Guénébault, le représenter « recevant du pape saint Clément la mission pour laquelle il fut, comme le fait voir la planche LXXI de l'*Histoire de la peinture sur verre* par Ferdinand de Lasteyrie, sacré évêque » ; et il rappelle les vitraux de Sens où, tout jeune, il prend congé de son père, etc.

L'imagerie populaire a dû répandre le nom de saint Eutrope ; mais que ces feuilles légères disparaissent vite ! Où retrouver quelques uns de ces naïfs témoignages des croyances d'autrefois ?

Il y a une lithographie moderne où l'on lit, avec une prière de trois lignes : « Saint Eutrope, premier évêque et martyr de Saintes, envoyé par le pape saint Clément, en l'an 95, pour prêcher l'Evangile dans la Saintonge ; il devint le premier évêque et martyr de l'église de cette contrée ». Il a une belle mitre, une belle chape et une palme. C'est un saint Eutrope ou tout autre évêque-martyr. Il en est ainsi du portrait de sainte Eustelle qui lui fait pendant. En légende : « Dès que la vérité évangélique fit briller les doux rayons de sa lumière dans la Saintonge par l'organe de saint Eutrope, Eustelle, fille du gouverneur, fut la première dont le cœur en fut éclairé. Grande dans sa foi, elle s'est

élevée par le martyre au rang des saints ». Puis, la prière :
« Bienheureuse Eustelle... »

Dans une *Vie des saints* in-folio, publiée chez P. Mariette
(Bibliothèque Sainte-Geneviève, W 236), on trouve, à la
date du 30 avril, « S. Eutrope, Euesque de Xaintes, martyr. » Le saint en chape, mitre et crosse, prie à genoux,
mains jointes; il reçoit d'une main invisible le coup de
hache qui lui donna la mort. Au second plan, sur un
coteau abrupt est une église. Au bas de l'image : « La
cognoissance de soy mesme. D'autant que l'homme s'ad-
vance plus en la cognoissance de soy mesme, d'autant
plus profite en la cognoissance de Dieu. S. Bernard.
Priez pour l'obéissance à l'église. »

Au dos : « S. Eutrope fut consacré éuesque de Xainte
en Xaintonge et envoyé en France par S. Clément, pape.
Il prescha la S. Evangile, et après avoir converty vne
bonne partie de son peuple, il receut vn coup de hache
sur la teste, et par ce moyen-là la couronne du martyre.
Voyez si vous estes prêt de recevoir tout ce qu'il plaira
à Dieu ordonner de vous ».

17

N'est-ce pas là ce qu'on voit sur l'enseigne de pèlerinage du musée d'Orléans : Eutrope à genoux, en prière, tué par le bourreau ?

Les vitraux du sanctuaire (1865) et du chœur (1874) de Saint-Eutrope, à Saintes, reproduisent, comme à Sens, divers épisodes de son existence : Son martyre ; il reçoit à genoux le coup qui termina sa vie ; sa mission par l'évêque de Rome, saint Clément ; son entrée à Saintes en bénissant le peuple ; la conversion d'Eustelle ; la guérison des malades ; enfin la découverte de son tombeau au VIe siècle et sa translation en 1845. Ces sept verrières repètent donc les traditions en les confirmant.

Ainsi, partout on a trouvé caractéristique de montrer Eutrope frappé d'un coup de hache, vitraux de Sens et de Saintes, gravures et images, plombs et médailles.

Sceau de la sénéchaussée de Saintonge au siège de Saint-Jean d'Angély.

La plus ancienne représentation que nous connaissions est celle du sceau (xiiie siècle) de la sénéchaussée de Saintonge au siège de Saint-Jean d'Angély. Ce sceau le présente à genoux, les mains jointes, la tête surmontée d'une étoile et entourée de l'auréole ; derrière lui, un bourreau s'apprête à lui fendre le crâne. En légende :

s. senesc[a]lie xanton[ensis] apvd sa[nctv]m ioh[a]-n[em] a[nger]iacen[sem].

Quand Charles d'Hozier, héraut d'armes de France, blasonna (1698-1701) pour la province de Saintonge, il songea très probablement à son premier évêque ; et c'est certainement en souvenir d'Eutrope qu'il plaça au milieu de fleurs de lys, symbole de la royauté française, une mitre qui rappelait l'évêque martyr : « La province de Saintonge porte : *d'azur à la mitre d'évesque d'argent accompagnée de trois fleurs de lis d'or* ».

Sainte Eustelle, dont le rôle a été moins important, et par conséquent la célébrité moins grande, n'a pas eu, comme Eutrope, les honneurs de l'imagerie monumentale. Et pourtant quels sujets sa vie offre au peintre-verrier qui voudrait lui décorer une chapelle ? Eustelle, fille du gouverneur de Saintes, écoute Eutrope prêchant Jésus, fils de David, pauvre et crucifié ; Eustelle, devenue chrétienne, est chassée par son père qui a essayé en vain par menaces, par promesses, de la ramener au culte officiel, et quitte la maison au milieu des larmes de tous les serviteurs ; Eustelle, foulant aux pieds les joies et les plaisirs du monde, renonçant aux plus brillan-

STE BUSTELLE PRIEZ POUR NOUS
BELLOC STATUAIRE 1925
VIDIANI

tes alliances, résistant même à la tendresse paternelle, se retire en une cabane, près d'Eutrope, où elle vit dans la prière et la pauvreté ; Eustelle rendant les derniers devoirs à Eutrope ; Eustelle décapitée près de la fontaine qui depuis, en souvenir de son martyre, a porté son nom.

Il y avait autrefois en l'église Saint-Pierre de Saintes une chapelle dédiée à sainte Eustelle ; depuis la révolution, on en a fait la chapelle Sainte-Colombe ; c'est la deuxième en entrant à gauche. Dans le bas côté de droite, on a dédié à saint Eutrope la chapelle qui était jadis sous le vocable de saint André et saint Jacques. Sur une très médiocre toile de Sotta est Eutrope debout, mitre en tête, crosse à la main gauche, bénissant de la droite la jeune Eustelle agenouillée à ses pieds près d'une couronne qu'elle a dédaignée. C'est le type adopté aujourd'hui. Une jolie sculpture, signée « A. Belloc, statuaire. 1875 », dont Vidiani, éditeur à Niort, a fait des reproductions de toutes dimensions, et que la photographie reproduit sans cesse, représente Eutrope bénissant Eustelle à genoux, pendant qu'un ange apporte du ciel la couronne et la palme.

Au portail de cette même cathédrale de Saint-Pierre, si artistement travaillé, si malheureusement mutilé, parmi les évêques de Saintes, saint Pallais, saint Vivien, saint Léonce, les vierges Marguerite et Catherine, les martyrs Clément, Irénée, Laurent, Léger, Gervais, les docteurs Ambroise, Jérôme, Augustin, Grégoire, les guerriers Maurice, Georges, et les autres, Christophe, Yrieix, Louis, le sculpteur a placé au sommet de la seconde archivolte un groupe : une femme à genoux, derrière, un soldat tenant une hache qu'il brandit. La victime a été décapitée par les iconoclastes de 1572, et il ne reste que des fragments des lettres de son nom, assez pourtant pour pouvoir reconstituer son nom : Eustelle.

[e t] ı [ſ] te [llα]

Pourtant dans l'état de mutilation de ce beau monument de l'architecture du xve siècle, je ne voudrais rien affirmer.

Signalons enfin une petite médaille récente : d'un côté un évêque nimbé, portant le bâton pastoral d'une main, bénissant de l'autre :

S. EUTROPE MARTYR Ier ÉVÊQUE DE SAINTES.

et de l'autre côté une jeune fille auréolée, tenant une palme de la main droite ; légende :

Se EUSTELLE VIERGE ET MARTYRE PRIEZ P. N.

Ainsi sont associés dans un même culte les deux premiers chrétiens dont la terre Saintongeaise a bu le sang. Les historiens ne les ont jamais séparés dans leurs récits, et la passion de l'une est mêlée à la passion de l'autre, encore que la fête se célèbre à onze jours d'intervalle, ce qui signifierait, d'après certains, qu'Eustelle ne survécut que onze jours à Eutrope. Un récollet de La Rochelle, le père François Dinet, a résumé (1648) cette vie intime des deux martyrs : « Le premier qui travailla à cultiver cette contrée, et à y semer le grain de l'évangile, fut saint Eutrope, dont la doctrine avec le bon exemple attira un nombre incroyable d'infidèles au culte du vrai Dieu. Il servit de paranymphe au Rédempteur du monde et engagea plusieurs damoiselles de qualité, qui refusant l'alliance de seigneurs nobles et opulens, le choisirent pour époux, et préférèrent l'ignominie de sa croix aux honneurs et aux délices de la terre. De ce nombre fut Eustelle qui n'eut si tost reconnu la dignité et la beauté de Jésus-Christ qu'elle lui offrit son service et sa virginité, avec promesse inviolable que jamais homme mortel n'acquerroit de pouvoir sur elle par contrat de mariage, mais qu'elle s'employeroit de corps et d'âme à honorer les autels, dans la profession d'une vie austère. Son père, déplaisant d'une telle résolution, n'oublia aucune invention pour l'en divertir, mais ce fut en vain, ses promesses, ses menaces n'avoient non plus de pouvoir sur son courage, que les petits zéphirs pour remuer les roches, ou les pluies pour les ramolir. Le nom qu'elle portoit signifiant un bel astre, donnoit à connoistre que son cœur ressembloit aux Estoilles dont la lumière n'est éclipsée des nuages et des autres impressions de l'air, dont le mouvement ne peut estre troublé ou retardé par aucune faculté sublunaire. Eutrope, personnage tout angélique, estoit l'intelligence qui donnoit le branle à cet astre de piété et qui le conduisoit avec tant de bonheur, que les influences des estoilles, dont le signe de la vierge est composé, ne sont pas si bénignes ni si profitables à la terre, que les rayons de la vertu apostolique d'Eustelle éclairoient les esprits des dames qu'elle fréquentoit, plusieurs desquelles reconnaissant les erreurs du paganisme, se faisoient instruire en la religion chrestienne.

» Son bon maistre, après avoir presché en Saintonge, y fut mis à mort par les infidelles, laissant à Eustelle et aux

autres nouvellement convertis un rare exemple de foi et
de constance dans la violence des tourmens. Elle en tira
un preignant motif à s'exposer hardiment à des peines
semblables, pour la cause du saint évangile. L'occasion
s'offrit bien tost pour donner preuve de son courage : car
son père, la voyant ferme en son dessein de ne se marier
iamais, en eut si grand dépit qu'après n'avoir pu rien
gagner, en la baffouant et souffletant, il lui fit trancher la
teste, immolant à sa cruauté la vie de celle que la nature
et la pieté lui devoient rendre plus chère que la sienne
propre. Cette glorieuse martyre fut enterrée dans le mesme
sepulchre où elle avoit ci devant mis le corps de son
bon père spirituel Eutrope. Leurs reliques devoient re-
poser ensemble puisque leurs âmes se tenoient compagnie dedans les cieux. Elles furent en singulière vénération parmi les chrestiens, et Dieu fait encore par leur intercession quantité de merveilles. »

XV

Les protestants à Saint-Eutrope. — Le corps est enfoui. — Transport
du chef à Sainte-Eulalie de Bordeaux; — à la primatiale de
Saint-André. — Procès-verbaux constatant
l'authenticité des reliques. — Retour
triomphal à Saintes.

ETTE foi des populations, ces témoignages nombreux,
éclatants de confiance en l'intervention d'Eutrope,
ces prodiges opérés à son tombeau et par ses prières, ne
sauvèrent pas son église et son prieuré, les religieux qui
veillaient sur ses cendres, les morts qui dormaient à côté
de lui sous sa protection.

Saintes, qui avait eu à subir au ixe siècle les incursions
des Normands pillards, au xive les dévastations des Anglais,
eut à endurer les ravages des calvinistes au xvie.

En 1568, ils prirent par trahison la ville de Saintes et y

massacrèrent grand nombre de prêtres et de laïques ;
ils ruinèrent Saint-Pierre, dont il ne resta que le clocher
et les bas-côtés ; en 1570 ils la prirent d'assaut, jetèrent
bas l'église des jacobins, les maisons des chanoines,
et égorgèrent des ecclésiastiques. Mais auparavant ils
avaient renversé les églises des faubourgs, Saint-Saloine,
Saint-Macoux, Saint-Maurice, qui ne se relevèrent plus,
le prieuré de Saint-Vivien, qui fut envahi par les ronces
jusqu'au jour où l'évêque de Saintes, Jacques Raoul de
La Guibourgère, ayant appelé (1634) les fils de saint Vincent de Paul pour prêcher dans son diocèse, y érigeait
(1642) un séminaire qu'il leur confia.

Saint-Eutrope n'échappa pas. Au mois de mai 1562, dit
une pièce du 22 novembre de cette année, « ceux qu'on
appelle huguenots se sont transportés en ladicte église,
ont prins les joyaulx, rompeuz et abattus les ymages,
démoli les autels, brisé portes et serrures ». Le corps
du saint avait été soustrait à leur fureur. Dès qu'ils
avaient vu s'avancer l'ouragan, les bénédictins avaient
enfoui le tombeau sous un épais massif de maçonnerie
recouvert de terre. Les pièces de monnaies qu'ils y enter-
rèrent, et dont la plus récente est de la fin du règne de
François Ier (mort en 1546), sont une date. Il était
complètement dérobé à la vue, qu'au loin on le croyait
encore visible. Georges Bruin, gravant le « pourtrait de
la vile et cité de Xaintes, chef de la comté de Xaintonge en
Guienne », l'an 1560, écrivait : « On voit encores aujour-
d'huy son sépulchre qui est descouvert ; et s'y peuvent
remarquer ses playes et cicatrices dessus son corps ».

Les moines dispersés, le prieuré abandonné pendant

près de quarante ans, le bruit se répandit que les héréti-
ques, qui avaient profané toutes les autres sépultures de
l'église basse, avaient aussi violé la tombe d'Eutrope,
brûlé et dispersé les os du martyr; et les leçons du bréviaire de Saintes accréditèrent cette tradition. « Le
corps de saint Eutrope, disait encore le *Rituel du diocèse de
La Rochelle* (1829), page LXII, subsista jusqu'au XVIe siècle,
époque où il fut brûlé par les religionnaires. Il reste néanmoins une partie considérable de ses reliques, qui avaient
été portées longtemps avant la dévastation de l'église de
Saintes, à Vendôme, où on les conserve. »

Lenain de Tillemont le disait : « Son corps est demeuré
dans l'église de ce nom, auprès de Saintes. Il y a esté bruslé
dans le dernier siècle par les Huguenots; mais on a encore diverses reliques qui avoient esté portées auparavant
à Vendôme, et son chef, qui estoit à Bordeaux, d'où il a
esté ensuitte apporté à Saintes en 1601 ». Hugues du
Tems le répétait : « Le corps de saint Eutrope, que les
moines de Vendôme prétendoient posséder, a été brûlé
pendant les troubles du Calvinisme. » L'évêque de
Toul, dans son *Martyrologe*, s'est fait l'écho de cette erreur, et après avoir raconté toute l'histoire de saint Eutrope, finit ainsi : « Ses restes, odieusement arrachés du
sanctuaire et du tombeau par la plus sacrilège profanation,
furent livrés aux flammes. » C'était donc une opinion
fort répandue dans le public, universellement accréditée.

Heureusement la croyance populaire s'égarait, et le saint
cadavre avait été conservé intact.

Le chef aussi avait été préservé. Le prieur dom François
Noël, docteur en théologie, durement éprouvé par les

protestants, avait été contraint de s'enfuir à Bordeaux, où il devint régent de théologie en l'université et curé de Sainte-Eulalie. Trois religieux seulement restés dans les ruines du couvent, avaient précieusement gardé en leur chambre le chef et le bras, « ayantz en ce grandz poynes, veu les menasses qui leur estoyent faictes. » Le prieur comprit qu'il ne pouvait pas laisser plus longtemps ces reliques exposées au danger. Mais les moines ne voulaient pas s'en dessaisir. Il fallut un arrêt du parlement de Bordeaux (28 novembre 1562), qui ordonna qu'elles seraient remises à « deux notables et responsables cytoiens de la ville de Xaintes », et qu'on ferait l'inventaire des joyaux, colliers, châsses et titres. L'inventaire cite la châsse dorée de sainte Eustelle, un reliquaire de saint Sébastien, « un chef de saint Eutrope avec deux anges; plus un autre chef de saint Eutrope, appelé la vieille châsse ; plus une coste de saint Eutrope avec les mâchoires dudit saint enchâssées en argent; plus le bras du mesme saint aussi enchâssé en argent. »

Saintes même n'était plus un lieu sûr. On songea donc à transporter le chef à Bordeaux. Le 22 novembre 1562, en présence de Jean Duron, âgé de soixante ans, de Laurens Nadault, aussi soixante ans, et de Jehan Thomas, cinquante ans environ, tous trois prêtres ; Jean Rabion, âgé de 70 ans ; Thomas Pillet, 42 ; Henri Morisset, 55 ; Thomas Horry, 45, tous de Saint-Eutrope, avaient reconnu le chef et le bras « monseigneur sainct Eutroppe à eulx monstré » par doms Regné Petit et Jehan Bernard, chantre et religieux du prieuré, pour le chef et le bras « qu'ils avoient veus de tout temps en l'église dudit saint »,

tout étonnés comment les religieux les ont pu sauver,
« attendu les troubles et émotions faictes puys le moys de
mays dernier. » Onze ans après, avant de les emporter
dans la capitale de la Guienne, François Noël a soin de
bien faire constater par acte notarié l'authenticité de ces
reliques. Le 24 août 1571, il assemble donc dans l'église
les Clunistes qui restent, François de La Roche, cellérier,
Jehan Lucas, aumônier, Jean Bernard, chantre ; et là, devant
l'autel même de saint Eutrope, en présence du notaire
chargé de rédiger le procès-verbal, et de François Bossard,
curé de Nieuil, demeurant à Saint-Eutrope, les religieux
affirment que le chef à eux montré par le prieur est
bien « le chef dudit saint Eutrope, que de tout temps ils
ont eu en garde et qu'ils ont monstré au peuple chrétien
depuis qu'ils sont religieux en la maison »; et ils constatent
certaines marques particulières aux dents, sur la tête, à la
mâchoire qui serviront à le reconnaître, y compris le ton
du crâne « comme en tirant à la couleur des Mores ou
Ethiopiens. » Ainsi, « audit chief y a deux cicatrices,
l'une plus longue que large près l'oye droicte, et l'autre
quasi tout rond, estant assez petit au derrière de la teste
près de la nuque ; oultre, il y a deux dentz entières en
chascun costé de la machouère haulte, qu'on nomme les
dentz euillères, despuys l'une desquelles dentz jusques à
l'autre il y a treze pertuys bien entiers où soulloyent
estre les dents. » Le tout bien et dument constaté, on
enveloppe le chef de quatre sacs de taffetas rouge, violet,
jaune et piqué de soie rouge.

Le *Monasticon Gallicanum*, d'après une pièce du prieuré
a raconté ces faits : « En 1562, dit-il, la secte impie et

cruelle des calvinistes, se répandant sur toute la France, avait excité des séditions dans un très grand nombre de villes et les avait soustraites au pouvoir du roi Charles IX, massacrant les catholiques et brûlant reliques et églises. Le prieur de Saint-Eutrope de Saintes, où leur fureur surtout se faisait sentir, transporta le chef du saint martyr à Bordeaux et le déposa dans la primatiale de Saint-André ».

Noël mort, qui l'avait jusqu'alors gardé dans sa chambre, le chef du saint fut réclamé pour leur église de Saint-James par les jésuites de Bordeaux. Avant de l'y transférer solennellement, on fit une grande cérémonie, procession, prédication, où l'orateur raconta la passion du martyr et le coup de hache dont chacun voyait la marque sur son crâne. Mais voilà que les syndics, ouvriers, fabriqueurs et paroissiens de Sainte-Eulalie ne veulent pas se laisser ainsi déposséder. L'archevêque Prévôt de Sansac, qui a donné l'autorisation, craint une émeute. Il prie le lieutenant général d'intervenir, qui refuse pour ne pas se déjuger. Enfin, on décide que le chef demeurera au trésor de l'église métropolitaine de Saint-André, « jusqu'à ce que les guerres civiles auront pris fin, que les chemins seront libres et que l'église Saint-Eutroppe de Xaintes se verra assurée, pour ledit précieux chef y estre porté ». Pour plus de garantie procès-verbal est dressé (22 février 1575) de ce dépôt; en présence de l'archevêque et des chanoines, de Jean de Pontac, greffier civil et criminel du parlement, de Charles du Sault, avocat général, Thomas de Ram, lieutenant général en la sénéchaussée de Guienne, des fabriqueurs, des prêtres, on constate de nouveau l'authenticité de la relique, « estant ledit précieux chef entier avecq deux dentz de dessus seullement, l'une de chascung cousté, sauf que du cousté senestre est adiré une partie dudict chef, que luy seroict tumbé d'un coup de cogniée qui lui fust baillé lors de son martire, comme il est porté par sa légende, ainsi qu'il a esté récité par ledict chantre et chanoine théologal, Anselme de Cotheblanche, en son sermon. » Des notaires dressent l'acte en forme, qui est signé par plus de vingt personnes notables.

Les temps devenus plus calmes, le successeur de François Noël, Pierre de La Place, prieur (1590-1602), se mit à réparer les bâtiments et l'église. Est-ce à cette époque que l'église fut allongée du chœur, comme l'a cru Lacurie, malgré le style de cette partie ? Le texte du procès-verbal de 1602 dit seulement que « l'église fut restaurée en grande partie ». Nous savons aussi que les habitants de la paroisse furent taxés par le lieutenant général à la somme de huit cents livres pour contribuer aux frais de la couverture. Thomas Morisson, maître charpentier à Saint-Eutrope, paraît avoir eu l'entreprise : car, le 28 octobre 1599, il cède la construction « d'ung pillier de pierres de taille contre le long de la muraille de l'église entre la chapelle de Saint-Esprit et Saint-Estoille, à trois pieds prenant à fleur de terre, montant trente pieds de hauteur depuis le fondement », à Loys Héraud, maître tailleur de pierres, moyennant 26 sous deux tiers. De son côté, la confrérie de « monsieur saint Eutrope, desservie en l'église du dit lieu et fauxbourg », traitait, le 28 octobre 1603, avec Jehan Morisson, charpentier, pour différentes réparations à la charpente de l'église.

L'église, souillée par des usages profanes, fut réconciliée, le 23 décembre 1601, par l'évêque Nicolas Le Cornu de La Courbe de Brée. On était en mesure de recevoir le chef. Le prieur fut autorisé à l'aller chercher ; il l'obtint du chapitre de Saint-André, le 8 février 1602. Il commanda, le 12, à J. Quentin, de Bordeaux, une châsse pour l'y mettre, qu'il acheva de payer le 17 avril. La châsse était en forme de tête portant une mitre d'argent, avec sept pierres de cinquante sols pièce, revenant le tout à la somme de 142 écus et pesant onze marcs deux onces seize deniers et demi. La nouvelle figure d'argent « dorée en partie à l'or moulu », qu'il fallut refaire après la révolution, coûtait moins et pesait seulement 5 onces 1 gros. Elle fut payée 108 livres, dont 36 livres pour la matière, 12 pour la dorure, et 60 pour la façon. Elle était l'œuvre d'un protestant, Goguet, orfèvre à Saintes, pièce d'un réel mérite, ouvrage d'un homme fort habile, très désintéressé, spécimen remarquable de ce qu'un simple ouvrier intelligent faisait au commencement de ce siècle avec les seules ressources d'une petite ville de province. Aujourd'hui la châsse de Goguet coûterait plusieurs milliers de francs et devrait être faite à Paris.

L'archevêque de Bordeaux, cardinal de Sourdis, voulut accompagner jusqu'au port la relique qui s'en allait. Le cortège était magnifique ; tout le parlement était là avec les curés et les ordres religieux de la ville. Les canons du Château-Trompette tonnaient, et les « faucons, fauconneaux, mousquets, arquebuses et semblables instruments de la musique de guerre ». Saint Eutrope, dit un naïf chroniqueur, « vaillant capitaine en l'armée de Jésus-Christ, méritoit un tel honneur ». Les musiciens de Saint-André et de Saint-Seurin alternaient. On arriva à Blaye. Les religieux de Saint-Eutrope l'attendaient au milieu d'une foule immense et de toute la garnison sous les armes, au bruit des mousquetades et de cinquante coups de canon.

La sainte théorie est, le 18 avril, à Etauliers où miraculeusement délivrée, une femme huguenote fait baptiser son enfant et abjure. Le 19, l'évêque de Saintes avec tous les curés et vicaires du diocèse, avec les pénitents de Saint-Eutrope et de Saint-Pallais, la rencontre et l'on continue le voyage ; on allait par monts et chemins, traversant les villages et les bourgs, toujours chantant et psalmodiant entre une double haie de fidèles accourus pour voir et fêter leur apôtre.

A Pons, nouveau prodige. Il en éclatait sans doute à chaque pas : car un contemporain écrit : « La Xaintonge est toute esbranlée mesmes par les miracles qu'a fait le chef de saint Eutrope, transféré, ces jours passés, de Bourdeaux à Xaintes, desquels, comme je cuide, vous aurez ouy parler ».

Avant d'arriver à Saintes, on trouve sur la route les bénédictins de Saint-Jean d'Angély et « douze jeunes enfans de la ville de Saintes habillés en anges ». Toutes les rues sont tendues de tapisseries et jonchées de fleurs. Les canons de la citadelle tonnent par ordre du gouverneur, Louis de Pernes. « Tout tressaillait de joye à l'heureux retour de son premier évesque. Saint Pierre receut en son église celuy qu'il auoit autrefois envoyé en Saintonge pour y prescher l'éuangile ». Il y passa la nuit, gardé par les Clunistes. Le lendemain, après la messe, le chef fut porté en son église et remis au lieu qu'il avait quitté quarante ans auparavant.

Et dès lors jusqu'en 1790, les strophes latines de l'hymne liturgique chantèrent ce voyage triomphal : la foule saluant et accompagnant son père et son patron ; une flottille l'escortant sur les flots ; les rames frappant en son honneur les eaux qui le portaient ; tout brillant de la pourpre, Sourdis tenant le chef entre ses mains.

XVI

C'EST la vie. L'homme a ses temps d'orage et ses heures de calme. Les institutions ont aussi leurs luttes à soutenir, des tempêtes à braver entre des années de tranquillité, plus fâcheuses quelquefois pour elles.

Les ducs d'Aquitaine et de Guienne, les rois de France n'avaient pas ménagé au prieuré de Saint-Eutrope les immunités, les franchises et les sauvegardes. Mais ils n'avaient pas toujours rendu efficaces leurs lettres patentes ; ils étaient loin. Les ducs de Guienne d'ailleurs n'étaient pas toujours les amis du roi de France. Puis la guerre est la guerre. En 1242, Henri III, roi d'Angleterre, qui avait eu besoin de fortifier Saintes contre saint Louis en marche, et avait employé aux travaux les hommes du chapitre et de l'évêque, de l'abbaye et du prieuré, avouait, par une déclaration du 12 juillet, dix jours avant la bataille de Taillebourg, qu'ils ne lui devaient rien et que ces prestations ne pouvaient tirer à conséquence pour l'avenir; mais les privilèges n'en avaient pas moins été violés.

Il y a, le 6 avril 1312, un arrêt du parlement de Paris continuant en état jusqu'au prochain parlement le procès entre le roi d'Angleterre d'une part, le procureur du roi en Saintonge et le prieur de Saint-Eutrope d'autre part, relativement au bannissement de Jean de Castro. Je n'ai aucune autre mention de l'affaire ; c'en est assez cependant pour me montrer notre prieuré luttant contre le roi de la grande Bretagne.

Voici un fait plus grave : Deux sergents du duc de Guienne, Arnaud Hugues et Pierre Gazeil, étaient venus, en 1318, au bourg tout armés arrêter deux habitants ; c'était un attentat et une violation de ses droits et libertés. Grand émoi ! Ils saisissent par la tête Pierre de La Barrière, orfèvre, et le tirent de la fenêtre de Richard de La Lande, en lui criant : « Ribaud, rends-toi. » Au bruit, le prévôt moine se présente avec un sergent ; les deux archers refusent d'obéir et résistent quand le prévôt les veut arrêter. Bien mieux, ils blessent dangereusement à la tête et aux épaules Jaquet, sergent du prévôt moine, qu'ils faillirent tuer. Les habitants interviennent ; ces deux forcenés se jettent sur eux, les insultent, en frappent quelques uns. Garcias, le prévôt du duc, accourt avec bon nombre de soldats ; alors leur violence n'a plus de frein : ils s'emparent d'Arnaud Roussel, prêtre, dont ils déchirent la soutane, et que, malgré ses protestations, ils emmènent au château de Saintes ; ils brisent les portes de Girard, prennent tout chez lui, laissent plus mort que vif Michel de Sainte-Foi, blessent d'un coup de lance à la poitrine Thibert, cuisinier du prieur ; très grièvement à l'épaule Pierre de La Garde.

Un si flagrant attentat ne pouvait rester impuni ; ce n'était pas seulement le prieur qui était en cause, mais le roi de France lui-même, dont on respectait si peu les ordres. Aussitôt (2 avril 1318) le parlement de Paris, saisi de l'affaire par le roi, mande au sénéchal de Saintes et d'Angoulême de faire rendre justice au prieur qui avait été troublé dans l'exercice de sa justice sur le bourg de Saint-Eutrope, et Philippe V lui-même, au mois de mai 1319, par lettres patentes données à Saint-Germain-en-Laye, « voulant, disait-il, mettre le couvent et les religieux, leurs biens et leurs personnes à l'abri de toute injure, eux et ceux qui dépendent d'eux, surtout par respect pour saint Eutrope qui a été un des disciples de Jésus-Christ, et qui, suivant ses pas, a mérité la palme du martyre, les prend sous sa protection spéciale, et ordonne à son sénéchal de Saintonge de les maintenir dans leurs possessions, leurs libertés et immunités ».

C'était quelque chose ; mais l'affaire se continuait devant la cour. La justice alors ne marchait pas d'un pied plus prompt qu'aujourd'hui ; il fallut quatre ans de procédures, d'enquêtes, de citations ; enfin, en 1322, le parlement entendit les parties. Le duc, par son procureur, prétendait qu'il était seigneur de Saintes en deçà de la Charente, par conséquent du bourg de Saint-Eutrope; que ses prédécesseurs avaient fondé et doté le monastère, et y avaient acquis droit de suzeraineté; qu'ils avaient joui de ce droit pendant un laps suffisant pour une valable et légitime possession. Le procureur du roi soutenait que l'église de Saint-Eutrope avec ses dépendances était sous sa protection et sa sauvegarde; qu'elle avait toujours été depuis de longs siècles défendue et protégée par les rois de France; qu'ils étaient en possession de la garder et de la défendre contre toute attaque et violence; qu'elle relevait directement du roi, elle et ses possessions. Le prieur réclamait 1,000 livres parisis. La cour condamna le duc à rendre à chacun des particuliers les objets enlevés ou leur valeur, à payer au prieur 500 livres, et deux mille livres d'amende au roi pour excès et violences commis au mépris de sa sauvegarde.

On juge ce qu'en temps de troubles devenaient tous ces diplômes, tous ces arrêts, tous ces protocoles de chancellerie, contestés, discutés, foulés aux pieds pendant la paix. A quoi pouvaient bien servir les sauvegardes, les exemptions de Guillaume d'Aquitaine, d'Alphonse de Poitiers, de la reine Aliénor, ou de Philippe V et de Louis XI, quand des partis d'ennemis occupaient successivement le faubourg? Il avait souffert pendant la guerre de cent ans; il devait souffrir pendant les luttes religieuses du XVIᵉ siècle. Sous la formidable secousse du protestantisme, beaucoup d'abbayes, de prieurés, d'églises croulèrent et ne se relevèrent plus: Fontdouce, La Tenaille, Chastres, Tonnay-Charente, Masdion, La Frenade, Saint-Liguaire, Baigne, Vaux, puis

Cormeille, Trizay ; quelle lamentable nomenclature ! et il n'y a là que les grands établissements de la contrée. La commende avait commencé ; le calvinisme acheva la ruine de maisons jadis florissantes, et la rendit irréparable. Dans tout l'Aunis et dans toute la Saintonge, il n'y a pas dix églises qui aient conservé leurs voûtes.

Saint-Eutrope n'avait pas été épargné. Quand, en 1598 on voulut affermer les fours banaux, « presque ruinez et desmolis à cause des troubles et guerres qui ont eu cours », le prieur n'eut pas les moyens de les faire réparer, parce que « la plus part des revenus ont esté vanduz et alliénés par l'autorité de nostre sainct père le pape et du roy nostre sire. » Ils sont donc arrentés, le 9 décembre, à François Basset, maître boulanger, sa vie durant, à la charge de faire les réparations nécessaires, moyennant cent boisseaux de froment bons et marchands, mesure de Saintes.

Puis le prieuré, malgré l'opinion vulgaire que le clergé alors ne payait pas d'impôts, avait pris sa part des dépenses communes. Ce n'était pas assez d'être dévasté, il fallait encore vider sa bourse pour ceux qui l'étaient. Le 24 septembre 1571, l'échevinage lui demande des bois de la forêt Saint-Eutrope pour réparer le pont de la porte Evêque ; le 19 janvier suivant, nouvelle demande pour les ponts et les portes de la ville. Puis, la guerre a réduit le peuple à la misère ; il faut nourrir les pauvres. Le 13 janvier 1573, le maire convoque l'évêque, l'abbesse, les prieurs de Saint-Eutrope, de Saint-Vivien et autres ecclésiastiques pour aviser. On fait la répartition des sommes à payer : car on dépense par mois mille livres pour les pauvres ; on distribue 500 pains par jour.

Il y a cent hommes de garnison qui, s'ils n'ont pas de solde, pilleront. Le prieur de Saint-Eutrope est taxé (14 mars 1574) à 40 livres, l'évêque à 120 ; le chapitre donne 100 livres par mois. Puis le gouverneur et lieutenant général pour le roi en Aunis et Saintonge, Armand de Gontaut-Biron, maréchal de France, envoie de çà et là des compagnies ; il faut les nourrir ; il impose donc tout le monde, habitants et clergé. Cette fois (avril 1574), on refuse ; on n'a pas besoin de la compagnie de Romegoux, dont les soldats se conduisent fort mal ; on se gardera bien soi-même. Biron expédie des archers ; le chapitre résiste ; le prieur de Saint-Eutrope résiste ; on emprisonne le fermier du prieur de Saint-Macoux qui, taxé à 25 livres par mois, est en retard de 75 livres. Le 5 juillet, nouvelle imposition de Biron de 1,500 livres pour la garnison de la ville. Le 14 août, autre taxe de 450 livres ; le 6 septembre, nouvelle taxe par le duc de Montpensier de 7,000 livres sur le ressort. On va au prieuré de Saint-Eutrope (27 février 1574) voir s'il y a quelques grains ou vivres à prendre, « d'autant que le prieur a abandonné le prieuré. »

En 1578, le roi demande à la ville 333 écus et un tiers. Saint-Eutrope est taxé, le 5 avril, à 51 écus ; Saint-Pallais, 41 ; Saint-Vivien, 27 1/3 ; la ville, y compris les paroisses de Saint-Maurice et de Saint-Macoux, 134 ; les maire, pairs et échevins et nobles de la ville et des faubourgs, 80 écus. Le 2 mai, Saint-Eutrope réclame avec Saint-Pallais et Saint-Vivien : car les lettres ne parlent pas des faubourgs, mais de la ville seulement ; le 24 mai, ils assignent le maire ; mais en attendant il faut payer.

Le 17 février 1584, nouvelle répartition de 420 écus

dont 85 pour Saint-Eutrope et Saint-Pallais, 58 pour Saint-Vivien et 190 pour la ville ; en 1585, autre répartition de 460 écus, part de la ville pour la solde de 50,000 hommes de pied, dont Saint-Eutrope seul, non compris les villages qui en dépendent, paiera 97 livres.

Puis la contagion règne presque périodiquement. En 1587, elle sévit avec vigueur, surtout en Saint-Eutrope et en Saint-Pallais. A la porte Evêque, Raymond Tercinier en est mort, et l'on est obligé de brûler sa maison puisqu'on ne trouve personne pour y pénétrer et la démolir. Il y a des maisons dans les deux faubourgs où il n'est pas resté une personne vivante. En 1605, la maladie fait encore des ravages : du commencement de juillet à la fin de décembre, elle emporta plus de 200 personnes, surtout de Saint-Eutrope. Autant de motifs pour lever des taxes.

Puis le pape ayant, en 1576, accordé au roi, vu l'urgente nécessité de ses affaires, l'autorisation de lever sur les biens du clergé de France une somme de cinquante mille écus, les commissaires en Saintonge, Jean Goumard, abbé de Chastres, vicaire général, et Jean Blanchard, lieutenant particulier au siège présidial de Saintes, avaient procédé au répartement de cette lourde imposition dans le diocèse de Saintes ; et Saint-Eutrope avait dû payer une forte somme.

Les ravages de la guerre, et ces dépenses énormes qui en étaient la conséquence, expliquent ces murs délabrés, ces toits effondrés, ces cloîtres et ces églises envahis par les ronces.

Les ruines au commencement du XVIIe siècle étaient trop grandes pour qu'on songeât à tout réparer ; aussi laissa-t-on le temps achever l'œuvre des hommes. Les églises seules, qui servaient aux populations, furent reconstruites ou restaurées à la hâte avec le moins de frais possible et sans souci de l'art ou de l'archéologie ; exemples : la cathédrale de Saintes, qui venait à peine d'être terminée quand l'incendie de 1568 en effondra les voûtes, et dont les élégants arcs-boutants qui restent nous disent encore la grandeur ; ou la magnifique abbatiale de Saint-Jean d'Angély, remplacée alors par le monument inachevé qu'on voit encore, et dont seul un dessin du *Monasticon Gallicanum* nous atteste la splendeur.

Un fait montrera ce qu'avaient fait dans les églises rurales ce triple fléau, la commende, la guerre et les impôts. Les visiteurs en Saintonge et Poitou, pour 1679, dom René Rousseau, abbé de Montierneuf de Poitiers, et dom Jean Leobon, prieur claustral et sacristain du doyenné de Roncenac, sont, le 29 octobre, à Saint-Genis près de Plassac, membre dépendant de Saint-Eutrope. Saint-Genis est uni au collège des jésuites de Saintes, et les pères, qui n'ont pas eu à subir les dévastations, ont pu relever l'église, « les ruines provenant des religionnaires », et « construire un balet pour serrer les fruits » ; aussi à part quelques vitres cassées, quelques tuiles absentes, un ornement noir qui manque, tout est en assez bon état. Mais voyez à Torxé, prieuré qui relève aussi de Saint-Eutrope. La population, d'environ 300 communiants, est fort pauvre, et la fabrique sans aucune ressource. Le procès verbal du 7 novembre constate une église sans voûte ni lambris, la couverture tout à jour, le pavé du chœur rompu et en désordre, la nef sans pavé, deux pierres d'autel toutes nues, un mur fendu dans toute sa hauteur, un clocher sans cloche, des ouvertures par où l'eau tombe abondamment ; les ornements sont à l'avenant ; un petit tabernacle de bois peint, malpropre ; aux deux côtés « sur un méchant gradin, quatre morceaux de bois où sont entrées quatre chevilles de bois pour tenir les cierges, un méchant morceau de grosse toile d'estoupe peinte et indécente servant de devant d'autel... deux missels dont l'un est tout déchiré, l'autre fort usé ayant plusieurs feuillets détachés... » Les bâtiments ne sont pas en meilleur état : il y a un espace de douze toises en carré, plein de décombres ; c'est la maison priorale ; à un demi-quart de lieue de l'église, est une chapelle ruinée dont on ne voit plus que des restes de murailles et la pierre d'autel où l'on allait en procession des rogations, et « des vestiges fort antiens de bastimens et d'une enceinte de murailles autour de ladite chapelle ».

On pourrait allonger démesurément ce chapitre. Il n'y a du reste qu'a regarder encore autour de soi ; si beaucoup de ruines mêmes ont péri, il reste encore aux monuments sauvés ou réparés des stigmates ineffaçables, et çà et là des débris, et des souvenirs, et des restes de ce qui fut jadis des édifices remarquables.

Une fois rentrés en possession de leur couvent, les Clunistes profitèrent du calme pour rétablir l'ordre partout, et les prieurs se mirent résolument à l'œuvre, dom Claude Renou (1607-1618) particulièrement, et dom Amand du Caurroy (1650-1693). Renou afferma (20 novembre 1607) les réparations de la toiture de l'église à raison de 12 livres par an.

Il s'occupa activement des bâtiments, et de la crypte qui avait été un peu négligée. Les paroissiens toutefois se montraient peu pressés de payer la part qui leur incombait dans les réparations de leur église. Le 13 mars 1615, il fut obligé de donner à leur syndic Louis Héraud, maître maçon, sommation d'avoir à s'acquitter de leur dette. La même année, Anthoine Prouteau, Denis Malleau, Estienne et Pierre Hillairet, maçons, entreprirent « la reffection de la voute de l'églize parrochiale et du grand clochier et autres réparations nécessaires en la dicte églize », moyennant 1,800 livres ; pour paiement d'une partie de cette somme, ils reçurent la jouissance pendant six ans des marais de la confrérie de saint Eutrope sur les revenus desquels ils devaient par an donner cent livres pour aumône. Mais l'imprévu a joué un grand rôle ; une réparation en a amené une autre indispensable, « dont ils n'étaient pas tenus ». Ils ont donc réparé et fourni les matériaux avec le consentement du prieur ; le 27 octobre 1617, ils demandent 1,200 livres de plus, ou bien nouvelle jouissance des marais pendant six ans, une somme de 100 livres, le revenu des marais ne valant pas 200 livres.

En 1617, le prieur conclut (28 avril) avec Jean Boissière, tailleur de pierres, un marché pour refaire en pierres de Restaud les 28 colonnes du cloître, doubles et toutes d'une pièce jusqu'à la corniche, moyennant 219 livres ; il fit aussi refaire le dortoir ; et le 17 janvier 1618, il signa un autre marché avec « Jean Tison, de Saint-Pallais, maistre plastreux », pour faire des ouvrages au deuxième étage du dortoir. Puis ce sont les moulins de Lucérat. Un procès verbal du 24 mars 1593, dressé par Pierre Chasseryau, notaire, constate qu'ils étaient entièrement détruits. En 1608, le 28 mai, le fermier du prieuré, Bertrand You, sieur de Beauchail, traite avec Pierre Grollet, demeurant à Malmort, paroisse de Chaniers, pour « faire une roue en bois de chaisgne et la mettre et droisser au moulin de dessoubz de Luxerat, virant à cassotte ».

Nous n'avons pas les devis de tous les ouvrages faits, et l'énumération du reste en serait fastidieuse. Nous savons seulement qu'Amand du Caurroy seul dépensa plus de 34,000 livres, ce qui est une assez forte somme pour le temps.

Le clocher de Louis XI avait notablement souffert. Sa position en faisait un poste important pendant les guerres et un observatoire à la fois. En 1588, sur l'ordre du gouverneur de Saintes, Charles de Bremond d'Ars, on y place « quelques gens avec pain, vin et quelque pouldre. » Près d'un siècle plus tard, à la fronde (mars 1652), le prince de Condé, forcé d'évacuer la ville devant du Plessis-Bellière et le comte de Montausier, avait ordonné d'incendier les faubourgs Saint-Pallais, Saint-Vivien, Saint-Eutrope. Le clocher de Saint-Eutrope épargné servit aux frondeurs qui s'y fortifièrent, trente soldats, un capitaine et deux lieutenants ; ils avaient brisé les marches de l'escalier pour ne pas être pris. Bellière y envoya cent hommes qui enfumèrent la petite garnison avec une botte de paille et la forcèrent à se rendre. Je ne crois pas que ce beau monument ait eu beaucoup à se louer de ces hôtes incommodes et peu volontaires.

En 1702 et 1705, « pendant que le prieuré était détenu par les doms prieurs de Saint-Maur », il avait fallu « pour le rétablissement de l'église et des bâtiments », emprunter une assez forte somme dont on payait encore au moment de la révolution la rente, 50 livres aux religieuses de Sainte-Claire, 290 livres aux carmélites.

En 1723, le prieur expose à l'intendant que le clocher « qui est une piramide de 36 toises, bâtie par le roi Louis XI », menace d'assommer les religieux, « la sonnerie qui est belle », l'église et tout le monastère. Deux habiles architectes demandent 20,000 livres. Il faut donc faire un emprunt considérable, ce qui, joint aux économies qu'on a pu réaliser, permettra de faire au moins une partie des réparations. Furent-elles faites ? Non pas immédiatement du moins. Un arrêt du conseil du roi du 5 décembre 1744 répété par un autre arrêt du 7 mai 1746, ordonna à dom d'Aubourg de faire les réparations nécessaires aux églises dépendant du prieuré, de les fournir de linges, vases sacrés, etc., sinon qu'il sera fait à ses frais visite de ces églises, que les revenus de son prieuré seront séquestrés, sauf à lui accorder une pension alimentaire de 300 livres. Il fallut en venir là, et Jacques Guerry fut établi séquestre sur ses revenus. Un autre arrêt du conseil, du 14 février 1747, le condamne à démolir la flèche du clocher jusqu'aux pyramides et y faire un couronnement. Dom d'Aubourg abattit donc la flèche, couvrit le clocher, rétablit les galeries où elles étaient endommagées. Le 13 mai 1749, il signa pour cela un marché avec Pierre et autre Pierre Chailloleau, maçons, à raison de 30 sous par jour et 25 sous pour leurs manœuvres, les matériaux comptés à part.

Les propriétaires de la paroisse qui devaient payer leur part dans les travaux, résistèrent. Un arrêt du grand conseil (12 août 1760) les condamna ; l'arrêt signifié le 20 décembre, et assignés devant le lieutenant général, ils s'assemblèrent tous capitulairement à la porte de l'église, le 4 janvier 1761, suivant la manière accoutumée; et là, après délibération, ils nommèrent pour les représenter à l'audience et répondre aux réclamations du prieur, qui veut leur faire payer les réparations par lui faites au clocher et à l'église, Bironneau, marchand, et adjoint Guenon, avocat.

Enfin, je lis dans le *Journal* d'Emmanuel-Cajetan Le Berton de Bonnemie, lieutenant général civil et criminel : « 1778, janvier. MM. les religieux clunistes de Saint-Eutrope (M. Henri-François d'Aubourg, prieur) ont commencé à faire démolir et abattre leurs cloîtres, très anciens, pour parvenir à la construction de leur nouveau monastère ».

Bons moines, hâtez-vous de réparer et de construire. Dans quelques dix ans, le régiment d'Agenais occupera vos cloîtres, vos cellules, vos dortoirs, qui appartiendront à la nation puisqu'elle les aura pris; et le 27 septembre 1791, ils seront vendus par le district de Saintes 12,000 livres au curé jureur de Saint-Vivien, ancien vicaire d'Arvert, Louis-Eutrope Doussin, qui donnait ainsi un gage de civisme et allait sans doute les apporter en dot à sa future épouse.

XVII

Ce que devint le chef de saint Eutrope pendant la révolution.
Les authentiques sauvées du bûcher. — L'église rendue
au culte — et diminuée de la nef. — Les régicides
à la messe. — Reconnaissance solennelle du
chef. — Une restauration d'église
en 1830.

T puis tout s'écroule, tout s'abîme, gouvernement,
institutions, prieurés et ordres religieux; le vieux
culte disparaît, les églises sont vendues nationalement ou
servent aux assemblées politiques, clubs, réunions offi-
cielles ou aux fêtes décadaires ; les prêtres sont mis à
mort, chassés de France et déportés à l'île d'Aix, à la
Guyane, à l'île de Ré, partout persécutés, traqués; mais en
dépit des décrets et des lois, les mœurs s'obstinent; au lieu
du dimanche on a le décadi; de la vierge et de saint Eutrope,
la déesse Raison qui trône dans la chapelle du collège; et

c'est le fils saintongeais d'une de ces déesses qui, en retrouvant le tombeau d'Eutrope, renouvellera bientôt la dévotion du martyr ; au lieu des cérémonies religieuses, le culte des théophilanthropes ; au lieu de Dieu, l'Etre suprême. Et dans ces changements foudroyants qui renouvellent la face de l'Europe, subsiste, à travers les ruines, les prisons, les échafauds, toujours vivant, le souvenir de l'apôtre Santon. *Fluctuat nec mergitur*. Le chef du saint a subi bien des vicissitudes ; il va éprouver la plus rude ; il sortira encore vainqueur de l'épreuve.

Avant de transporter le chef à Bordeaux, on le reconnaît ; on le reconnaît encore à Bordeaux. En 1652, nouvelle reconnaissance, quand le prieur prit les clefs de l'armoire qui le contenait. Or, à la veille de la révolution, par une coïncidence étrange, il y eut une nouvelle constatation des reliques, sans que personne eût pu concevoir l'ombre d'un soupçon de ce qui allait se passer trois ans plus tard. Une vulgaire formalité, un inventaire après décès, amena un nouveau procès verbal, qui n'était pas fait certes pour les besoins de la cause et qui fut par cela même d'une importance capitale tant par les termes que par les témoins de l'acte. A la mort du dernier prieur conventuel, Henri-François d'Aubourg, les scellés furent apposés sur ses appartements du prieuré, ainsi qu'à Gatérat, paroisse de Saint-Eutrope, dont il jouissait. Il y avait en effet, puisque Cluny était supprimé, à décider dans l'héritage du défunt, ce qui appartenait à ses héritiers naturels, à l'état, et sans doute aussi aux autres religieux qui réclamaient « la cote morte et le pécule » de leur confrère.

Le « lieutenant particulier au cy devant sénéchal », Pierre-

Ignace Méthé de Fontrémis de La Motte, qui périt sur l'échafaud révolutionnaire, procéda, le 19 décembre 1789, à l'inventaire : il constate dix-huit pièces, titres, procès verbaux et autres, concernant la relique, qu'il renferme en une liasse « numérotée, signée et paraphée », et qu'il remet au curé ; puis il se rend à l'église, où le curé et le vicaire, vêtus de surplis et d'étole, après les prières accoutumées, ouvrent la niche, en tirent la relique qu'ils placent sur l'autel. « Après un religieux et scrupuleux examen, continue le procès-verbal, nous avons vérifié qu'elle était entièrement conforme à la description qui en fut faite par procès verbal du 12 juillet 1652. » Et il la confie au curé, en l'absence du prieur. A cette vérification assistaient entre autres Jacques Garnier, comme avocat du roi, Elie-Jacques Servant, Pierre-Marc Arnault et Cosme-Pierre Godet, procureurs.

Or de tout ce qu'énumère l'inventaire fort détaillé, deux choses seulement échappèrent aux dévastations de 93, le chef et les pièces qui en constatent l'authenticité.

J'ai raconté ailleurs comment la liasse contenant les dix-huit précieuses pièces fut sauvée du bûcher allumé par la loi du 17 juillet 1793, qui prescrivait la destruction des titres de féodalité et de superstition. Les archives de Saint-Eutrope devaient avoir le sort des archives de toutes les abbayes, de tous les monastères, du collège et de l'évêché, de l'hôpital et du chapitre, dont il n'est rien resté, que quelques bribes et de date toute récente.

Le 10 août, on les jeta avec les autres sur la charrette qui conduisait au bûcher de la place des Cordeliers l'histoire de la Saintonge. Il faut lire dans la pièce officielle la joie idiote de ce peuple qui voit flamber ses titres de noblesse, ces parchemins qui disent ses souffrances, sa gloire, son héroïsme ; il faut entendre les cris féroces de cette foule ahurie qui se croit libre sous Robespierre et Marat, et qui, pour prouver son indépendance s'acharne contre de vieux papiers et le drapeau du 14 juillet.

« Cette cérémonie religieuse finie, chacun jette les yeux sur ce tas poudreux de vieux titres féodaux, qui ne durent leur existence qu'à la plus cruelle tyrannie, et qui dans le règne de la liberté et de l'égalité déposoient de l'ancien esclavage des Français, et sur cette bannière fédératrice dont, même en 1790, le despotisme leurra encore leur crédulité et leur bonne foi » : « Qu'ils ne souillent pas plus long-
» temps nos yeux, s'écrie-t-on de toute part, ces affreux té-
» moins de notre faiblesse et de notre servitude ; qu'ils brû-
» lent à l'instant ; que leur cendre soit jetée au vent et dis-
» paroisse pour jamais ! » Aussitôt le président du départe-
ment se hâte de mettre le feu aux vils parchemins et à la fatale bannière ; et des citoyens se disputent à l'envy le plaisir de l'attiser, afin que la plus petite parcelle n'échappe pas aux flames, tandis que les autres, pêle-mêle, ne formant qu'un groupe de frères et d'amis, font une vaste ronde autour du feu, et témoignent leur joye et leur satisfaction en dansant une carmagnole que les musiciens exécutent avec enthousiasme, et dont la mesure est marquée par le bruit du canon ! Après la danse, tous les citoyens se confondent dans les embrassements de la plus étroite fraternité qu'ils se jurent. Enfin, les paperasses et la guenille fédérative du despotisme sont consommés ; et après qu'on en a jeté les cendres au vent et répété unanimement avec un nouvel enthousiasme : « Vive la liberté et l'éga-

» lité ! vive la république une et indivisible ! vive la sainte
» Montagne ! » tous les citoyens se rangent sur deux hayes ;
les corps administratifs et judiciaires se placent au centre
ayant la musique à leur tête ; l'hymne des Marseillais est
entonnée par le citoyen Héard, accusateur public ; les citoyens répètent en chœur cet énergique refrain : « Aux
» armes, citoyens ! »

Cependant un homme de cœur, Lacoste, membre de
l'administration municipale, plus tard secrétaire en chef de
la mairie, avait suivi ce fatal tombereau qui conduisait à
l'auto-da-fé les pièces prises à Saint-Eutrope. Trois fois,
raconte-t-on, dans le trajet le sac des authentiques tomba ;
trois fois il fut rejeté sur la voiture. Quand on le déchar-
gea, Lacoste le détourna par mégarde, le cacha sous son
habit et l'emporta ; plus tard, il le remit fidèlement au curé
Messeix. La toile porte encore ces mots écrits à l'encre :

Sac des papiers de Saint Eutrope sauvé des flammes
de 1793 par le sieur Lacoste municipal.

Et pour qu'ils échappent à une nouvelle destruction, nous
les avons publiés en 1877. Une pièce manuscrite, imprimée
à cinq ou six cents exemplaires, ainsi répandue partout, est
sauvée. *Ne peream unus, multiplex renascor.*

Voilà pour les authentiques. Voici pour la relique elle-
même.

On ne s'en prit d'abord qu'au reliquaire. Le 9 novembre
1793, la municipalité donna l'ordre d'enlever la châsse d'argent. Les agents, craignant un soulèvement du peuple, se
rendirent la nuit. A onze heures, ils pénétrèrent dans l'é-
glise. Alors, raconte Joseph Briand, d'après « des témoins

graves et vraiment dignes de notre confiance », alors, « un orage, aussi soudain qu'il était extraordinaire, éclata sur la ville, et répandit un tel effroi dans l'âme des ravisseurs, qu'ils sortirent précipitamment, frappés de stupeur et saisis d'épouvante ». L'auteur ajoute : « On sait, à Saintes, que la mort de ceux qui avaient enlevé le reliquaire de Saint-Eutrope, a été marquée au caractère d'un châtiment divin ».

Le chef resta dans la niche. Un mois plus tard, on voulut soustraire le peuple au joug de la superstition ; et l'ordre fut donné de faire disparaître l'objet. Il y avait toutefois des ménagements à prendre : car les Saint-Eutropiens menaçaient de faire un mauvais parti à qui viendrait enlever leur saint. Les commissaires prièrent le sacristain Elie Delavaud de leur montrer un endroit où ils le pourraient placer « sans que le public s'aperçut d'aucun mouvement à cet égard ». Delavaud indiqua un caveau à l'entrée de la porte principale ; c'était le charnier où l'on entassait les ossements qu'on déterrait en creusant des fosses nouvelles. Delavaud avait préparé une petite caisse pour la relique ; elle resta là quinze mois. Alors de pieux habitants, Jean Vallet, Jean Bertin, Joseph Morisson, Louis Dordoigne, François Grout, François Compagnon, Joseph Achard, Jacques Delavaud fils, Claude Vignaud, Mathurin Vallée, Jean Hédon qui fut depuis sacristain, René Brin, la voulurent transporter en un lieu plus convenable et plus sûr. Ils l'enlevèrent donc secrètement et la déposèrent, le 11 avril 1795, dans la maison de Jean Doussin ; c'était un ancien charpentier de navire, né à Hiers-Brouage. Un procès verbal fut signé des personnes présentes et remis à Joseph Achard. Cette

pièce, Achard, menacé de perquisition, la brûla pour ne
point compromettre les signataires. Doussin mourut le 26
août 1797 — 9 fructidor an v — à l'âge de 65 ans, loca-
taire d'une maison qu'habitait François Grout. Le même
jour, deux prêtres, qui eux-mêmes se dérobaient comme
ils pouvaient aux rigueurs des lois, dom Mignen-Planier, ancien cluniste, Joseph Moquay, curé insermenté de Corme-
Royal, accompagnés de plusieurs de ceux qui « avaient
assisté au premier déplacement », François Hervé, Jean
Hédon, Elie Delavaud, Mathurin Vallée, François Grout,
se rendirent dans la maison Grout, « pour retirer et chan-
ger de lieu le chef de saint Eutrope que le malheur des
circonstances avoient forcé d'enlever du temple où jusqu'a-
lors il avoit été conservé et vénéré, et de cacher dans
l'un des appartements de Jean Doussin ». En effet, « par la
mort dudit Jean Doussin, cette relique précieuse cesse d'ê-
tre en sûreté et devient de nouveau exposée à la perquisition des ennemis de Dieu et des saints ». Ils choisissent
donc un autre appartement de la maison de François Grout,
« retiré et caché aux recherches de l'impie. Et, continue
le procès verbal, « pour fermer la bouche à l'impiété, nous
attestons les précieuses reliques être vraiment les mêmes
qui se sont vénérées dans l'église Saint-Eutrope pendant
tant de siècles et avec tant de témoignages du pouvoir de
Dieu dans ses saints ». Grout conserva la tête jusqu'en
1804. Elle était encore une fois sauvée.

Dès le 9 janvier 1797 — 20 nivôse an v — profitant
d'une de ces déclarations solennelles sur la liberté de conscience et des cultes, et d'une intermittence entre les persécutions religieuses, les habitants du faubourg avaient

présenté « aux citoyens administrateurs de la commune de Saintes » une pétition signée d'un grand nombre de personnes: Monrouzeau, Gelineau, Vignaud, Bonnain, Ossière, Pannetier, Pacaud, Coudreau, Chasseriaud, Talbot, Templier, Augé, Violaud, Vallée, Delani, Gombaud, Niox, Morisson, Moreau, Rateau, Texier, Fallot, Gautier, Flandrin, Chasseriau, Charpentier, Luraxe, Meschain, Février, Pinaud, etc.

« Attachés au culte de leurs pères », et « désirant jouir du bénéfice de la loi qui accorde aux communes et sections de commune le libre usage des édifices non aliénés destinés originairement aux exercices d'un ou plusieurs cultes, et dont elles étaient en possession au 1er jour de l'an II de la république », ils « invitaient les citoyens administrateurs à mettre de suite leur autorisation au bas de la présente ». La forme était un peu sèche et rèche. Mais l'administration municipale n'y regarda pas de si près. Huit jours après, considérant que... « et voulant assurer et faciliter de plus en plus la liberté des cultes et procurer aux citoyens de cette section un lieu propre à y exercer les leurs d'une manière décente et religieuse ; ouï le commissaire du pouvoir exécutif », elle arrêta « que les citoyens de la section de Saint-Eutrope auront provisoirement pour l'exercice de leurs cultes le libre usage de l'édifice connu sous le nom d'église Saint-Eutrope ; cet édifice leur sera remis dans l'état où il se trouve, à la charge de l'entretenir et réparer, ainsi qu'ils verront, sans aucune contribution forcée ».

L'arrêté est signé de Bruslé, président ; Etienne Roux, Limal fils, Proutière, Dalidet, Vanderquand, administrateurs municipaux ; Biroteau, secrétaire, Lériget, commissaire.

L'église était nue. Delusset et Février demandèrent, le 24 mai 1797 — 5 prairial an v —, et obtinrent de prendre « un tabernacle et quelques tableaux dans les bâtiments du ci-devant collège ». Ils demandèrent aussi, hélas ! et obtinrent de prendre « des matériaux provenant des décombres d'une partie de la ci-devant église de Saint-Eutrope... pour faire les réparations de l'autre partie », c'est-à-dire 300 pieds de pierre de 7 à 8 pouces d'épaisseur ; 400 pieds de pierre de pavé ; 1,500 de tuiles creuses et 400 de tuiles plates.

C'est alors que fut accompli un des actes les plus regrettables de vandalisme, dont malheureusement le commencement du XIXe siècle a vu de si nombreux exemples. Les temps étaient durs ; on courait au plus pressé. Les connaissances archéologiques étaient nulles, les populations, sans direction et appauvries, réparaient en démolissant. Et puis c'étaient des édifices gothiques, vieux. Les habitants de Saint-Eutrope firent ce qu'on fit partout. Mais leur église monumentale, si curieuse, fut réduite de plus de moitié ; elle commence maintenant au transept.

Cinq ans après, la nef de l'église, à qui l'on avait enlevé sa toiture, menaçait ruine, et pouvait « causer par l'écroulement des évènements malheureux, étant le seul passage par où l'on puisse parvenir à l'autre partie de l'édifice qui sert à l'exercice des cultes ». Les Saint-Eutropiens en sollicitèrent la démolition. Le préfet Guillemardet la leur accorda, 3 vendémiaire an XI — 25 septembre 1802 —. Le maire, Louis-Charles Poitevin de Moléon, présida, le 18 nivose, — 8 janvier 1803 — l'adjudication des travaux de démolition qu'eut Chailloleau. Et le crime fut accompli.

Le curé était déjà là. C'était un bénédictin de Saint-Jean d'Angély, qui succédait, après une interruption officielle d'onze ans, aux bénédictins de Cluny. Dom Mathieu Messeix, de Riom en Auvergne, déporté en Espagne pour refus de serment à la constitution civile du clergé, avait été vicaire de Saint-Jean d'Angély ; il avait cédé la place à Charles-François Jupin, né à Château-Porcien (Ardennes) en 1736, décédé à Saintes en 1825, veuf d'Ursule Jacques, ancienne religieuse, professeur, puis principal au collège de Saintes, curé, puis instituteur à Saint-Jean d'Angély. Messeix quitta Logrono en mars 1801 ; il était à Saintes au mois de mai et il écrivait le 6 juin : « Oui, me voilà à Saintes, et jusqu'à ce moment je n'ai pas à me repentir d'y avoir fixé mon séjour. Les travaux qui m'y occupent me laissent à peine quelques instants ». Il avait fort à faire, en effet. La première communion du 25 juin 1804 comptait 76 enfants de 14 à 21 ans ; en 1808, il y en avait 50 de 13 à 25 ans.

Un des premiers soucis du nouveau curé fut la relique du martyr. Elle était restée chez Grout. Il la fit transporter chez lui ; et là, Louis-Antoine Texier, vicaire général et chanoine, ancien curé insermenté d'Echebrune, convoqua deux chirurgiens Jean-Louis Lavigne et Elie-Barthélemy Toussaint ; il convoqua aussi quatre personnes qui avaient, le 19 décembre 1789, assisté à la reconnaissance du chef : Godet, juge au tribunal criminel, Arnaud, avoué, Servant, ancien procureur, et le président du tribunal, Jacques

Garnier, qui avait alors requis comme avocat du roi. Le choix était heureux. Garnier, né à Saintes en 1755, maire en 1790, procureur général syndic du département, député à la convention où il vota la mort de Louis XVI, envoyé en mission à Bordeaux et dans la Sarthe où il avait laissé des traces sanglantes de son passage, ne pouvait guère être suspect d'une dévotion exagérée pour le martyr santon.

En outre il y avait là Louis Delusset, instituteur, Louis Auger, ancien religieux de Saint-Eutrope, Pierre Fraignaud, Elie Delavaud et Jean Bertin, tisserands, Joseph Morisson, couvreur, François Chailloleau, entrepreneur, François Charrier, ancien curé de Bagnizeau, tous habitants de Saintes, qui avaient vu à nu le chef avant le 19 décembre 1789. En présence des témoins : Pierre-Damien Spens de Ribeaucourt, prêtre ; Messeix, curé ; Thomas-Joseph Bonnerot, vicaire ; Joseph Achard, marchand, et autres, Jacques Garnier dicta au notaire Jean Durivault, le 24 avril 1804 — 4 floréal an XII —, le procès verbal de ce qui suit.

Texier, commissaire délégué de Jean-François Demandolx, évêque de La Rochelle, tira « d'une boîte qui le renfermait le chef que les fidèles de la paroisse de Saint-Eutrope soutiennent être celui de saint Eutrope ». Les témoins de 1789 demandèrent la lecture des reconnaissances de 1789 et de 1652 ; on compara « la description circonstanciée de la situation de la tête telle qu'elle était à l'époque dudit procès-verbal, de la dimension en largeur et en longueur, des deux fractures qui existaient, et après en avoir pris les proportions et dimensions, un compas à la main, elles se sont trouvées égales ». Garnier, qui les avait mesurées en 1789, en fit « personnellement la vérification et trouva sa reconnaissance égale à celle des dits chirurgiens ». Godet, Arnaud et Servant reconnurent « parfaitement le chef représenté pour être, dans tous ses détails, fidèlement ressemblant avec la relique vérifiée par le procès-verbal de 89 ; il a de plus été observé que le chef avait encore alors une dent molaire à la partie gauche de la mâchoire supérieure, et, par l'examen qui a été fait, cette dent s'y est encore trouvée adhérente, comme elle l'était en 1652 ; ce qui a également fixé la reconnaissance de tous les assistants, c'est la même teinte rembrunie que présentait la dite relique, à l'époque de 1789 ; une chose a seulement frappé le dit sieur Garnier, au premier aspect de la tête ; c'est qu'il a vu qu'on a placé dans la fracture du pariétal et dans les orbites, des corps étrangers en soie cramoisie, qu'on nous a dit y avoir été mis depuis pour en fermer les ouvertures ; après cet examen sérieux et cette vérification identique, il a paru à chacun de ceux pour qui cette reconnaissance a été de toute fidélité, qu'il était impossible qu'on eût pu substituer une autre tête étrangère, d'une proportion, dimension et couleur égale à celle de la relique connue et vénérée sous le nom de chef de saint Eutrope ; que les blessures ou fractures de pareille étendue que celle du chef, placées dans les mêmes positions, réunissant les mêmes proportions, ne permettent pas de supposer une substitution dans laquelle la fourberie aurait pu se promettre un pareil succès, et chacun, dans sa conscience, la reconnaît pour être véritablement la relique et le chef de saint Eutrope, décrite par les deux procès verbaux sus-relatés, et être fidèlement celle qui a été, pendant plusieurs siècles, l'objet de la vénération des fidèles. »

En conséquence, le délégué de l'évêque proclame l'authencité de la relique. Messeix, en surplis, la porte à l'église ; Texier, en chape, la reçoit au seuil, et au chant de l'hymne des martyrs, la dépose sur l'autel. On lit, devant les fidèles qui remplissent le temple, le procès-verbal dicté par Garnier, reçu par le notaire, signé de tous les assistants. On entonne le *Te Deum*. Et le chef reprend sa place séculaire dans la niche où il est encore.

Certes, les siècles, ainsi que les rivières ne remontent jamais à leur source, et pourtant comme ils se répètent ! comme l'un ressemble à l'autre ! En lisant ces pièces écrites, signées de personnes, dont quelques unes ont été nos contemporains, ne semble-t-il pas qu'on a sous les yeux un récit d'un autre âge ? Ecoutez : « En ce temps-là, aussi, la guerre était partout ; on craignait pour les corps saints. Et les Saint-Eutropiens, inquiets pour un trésor plus précieux que l'or et les topazes, s'affligeaient, redoutant de se voir enlever le corps de leur saint patron : ainsi privé de la présence de son pasteur et de sa protection puissante, le peuple n'aurait eu qu'à s'affliger. Mais Dieu leur inspira la pensée de prendre ces vénérables ossements et de les mettre à l'abri des mains sacrilèges. Et les corps saints restèrent là, tant que dura la guerre. La paix rendue à l'église, tout le peuple voulut revoir ses saints ; avec l'assentiment de l'évêque et du clergé, on les ramena à leur église ; on les remit dans leur place pour qu'ils pussent de nouveau recevoir les hommages et la vénération, secourir leurs suppliants, protéger ceux qui les avaient sauvés ». Or, dans ces lignes, il s'agit du XIe siècle, et nous ne faisons que traduire un peu les leçons du bréviaire de Saintes du XIIIe.

On devait un témoignage éclatant de reconnaissance aux « citoyens chrétiens et pieux » qui, malgré les dangers, au péril de leur vie, avaient veillé avec tant de soins à la conservation d'une relique si précieuse. Alors le commissaire de l'évêque déclara solennellement, de l'avis du curé, qu'il confiait à Elie Delavaud, sacristain, Jacques Delavaud, son fils, Jean Vallet, Jean Bertin, Joseph Morisson, Louis Dordoigne, François Grout, François Compagnon, Joseph Achard, Claude Vignaud, Eutrope Paulet, Mathurin Vallée, Jean Hédon et René Brin, « le droit de veiller à la conservation de ladite relique, d'être présents à toutes les cérémonies où il sera question de faire paraître la relique qu'ils ont si bien conservée, et d'avoir le droit de prendre, de préférence, tous les soins nécessaires dans toutes les occasions où il s'agira de l'exposer à la vénération publique, et ce droit passera à leurs descendants en ligne directe, dans la personne des aînés de chaque famille. »

L'année suivante, Messeix ayant acquis un reliquaire, la relique y fut placée solennellement, le 26 avril 1805 — 6 floréal an XIII —, en présence des gardiens, et de ceux qui avaient assisté au procès verbal recognitif de 1804. L'acte reçu par Jean Durivault, notaire, est signé du vicaire général Texier, de Messeix, de Bonnerot, curé et vicaire, de Bouyer, Jean-Baptiste Gillet, un défenseur de la foi sur les pontons, Spens de Ribeaucourt, prêtres, de Toussaint, ancien chirurgien major, d'Achard, Bertin, Vignaud, Poulet, Hédon, Chailloleaud, Fragnaud, et Lacoste, secrétaire en chef de la municipalité.

Le zèle de Messeix ne s'arrêta pas là. En 1803, il avait obtenu pour son église deux cloches dont il céda l'une, trop petite, à l'hospice civil. En 1805, il en fondit une dont furent, le 6 janvier 1806, parrain le préfet de la Charente-Inférieure, un ancien régicide, Ferdinand-Pierre-Marie-Dorothée Guillemardet, médecin d'Autun, député à la convention, depuis préfet de l'Allier où il mourut fou, et marraine, Camille-Bathilde du Bouzet, femme du receveur général des finances Maximilien Titon. Ces fiers conventionnels, qui n'avaient pu supporter le tyran Louis XVI et lui avaient coupé le cou, devenus soudain humbles et doux agneaux, léchaient la cravache et les éperons de César; les législateurs qui avaient proscrit le culte national et condamné à mort des milliers de prêtres, offraient le pain bénit à la messe, se faisaient un honneur d'être parrains des cloches, et de parader dévotement aux processions derrière un ossement, trophée du fanatisme, hochet de la superstition. La grâce sans doute a ses secrets; mais la nature humaine a bien ses mystères.

Ce réveil de la foi cause la stupéfaction de l'historien Massiou. De là en même temps sa mauvaise humeur et son indignation d'avoir à raconter ces faits, d'assister à la réouverture des églises, au rétablissement du culte. Alors, s'écrie-t-il, alors (1804) « furent rajeunies la plupart des traditions surannées de l'ancien régime. Avec les dogmes sacrés et ces augustes solennités du christianisme reparurent les pratiques superstitieuses et les pieuses jongleries du moyen âge. Chaque église paroissiale exhuma de la poussière les reliques oubliées de son patron ; et l'on vit avec étonnement ressusciter dans leur première splendeur ces bienheureux débris qui semblaient avoir disparu pour jamais dans la tourmente révolutionnaire. »

Il a raison ; mais ce qu'il ne dit pas, c'est l'enthousiasme des populations retrouvant les rites de leur baptême et de leur première communion, des cloches pour chanter les époux ou pleurer les morts, leurs saints, vieux amis, patrons séculaires, non pas « oubliés » mais perdus et toujours regrettés ; saluant avec joie leurs prêtres revenus d'exil ou échappés aux pontons, et avec eux leurs longues processions par la ville et par la campagne, leurs fêtes si touchantes et si poétiques : crêche de noël, buis bénit des rameaux, reposoirs du jeudi saint, alleluia de pâques, pleurs des trépassés. Les fonctionnaires, croyants ou non, étaient bien forcés de suivre l'élan des peuples, que favorisait du reste le gouvernement en lui obéissant aussi. « La fête patronale de saint Eutrope, racontait la gazette du 10 mai 1810, a été célébrée dimanche dernier avec la plus grande solennité. M. le préfet, accompagné des maire et adjoints, des tribunaux civil et criminel, juges de paix et autres fonctionnaires publics, s'est rendu à l'église qui porte le nom de ce saint, escorté des grenadiers et des chasseurs, de la garde nationale, de la gendarmerie et de la garde départementale, les tambours à leur tête. M. Messé a chanté la grand'messe ».

En 1833, l'évêque de La Rochelle, Joseph Bernet, depuis archevêque d'Aix, qui avait succédé à Gabriel-Laurent Paillou, faisant sa visite pastorale à Saint-Eutrope, se fit représenter et ouvrit le buste d'argent qui contenait le chef. Après examen, après lectures des pièces authentiques, procès verbaux anciens et récents, « procédant à l'inspection de la relique », il reconnut « l'accord parfait de toutes les particularités avec les détails, les signes et mesures relatées au procès verbal du 12 juillet 1652, en présence de Pierre-Jean-Mathias Mareschal, vicaire général du diocèse; Louis-Jean-Charles Daunas, curé de Saint-Vivien; Jean-Amable-Théodore Brassaud, curé de Saint-Pallais; Frédéric-Guillaume Basty, curé de Pérignac; Christophe Coindreau, curé de Bussac; Joseph Genis, vicaire de Saint-Eutrope; Léon Bonnet, vicaire de Saint-Pierre; Paul-François Simonet, vicaire de Saint-Vivien; Jean-Jacques Boyer et Georges Dières, propriétaires; Jean-Sébastien Hédon, sacristain de Saint-Eutrope; Jacques Boussinot, sacristain de Notre-Dame de La Rochelle.

Ce n'était pas tout que de conserver le chef d'Eutrope, il fallait le loger dignement; il fallait réparer son temple qui pendant la révolution avait fort souffert, et qui n'avait eu depuis que quelques travaux urgents de consolidation. Quand on avait sacrifié la nef de l'église haute parce qu'un pilier, un seul, menaçait ruine, on croyait sauver au moins le chœur et le sanctuaire. Mais les monuments sont comme l'intelligence elle-même ou le corps de l'homme; on doit s'en occuper sans cesse, et parer aux dégâts de l'âge et du temps. En 1826, on songea sérieusement que la façade et une partie du collatéral droit étaient, depuis des années, dans un état de dégradation qui présageait une ruine imminente; des fragments de pierres s'en détachaient journellement, et la chûte de l'église haute allait entraîner la destruction de la crypte. La fabrique exposa ses craintes au ministre, le 16 juillet 1826, et les motifs de préserver de la ruine cet antique édifice : « C'est là que le bienheureux saint Eutrope fit entendre pour la première fois la parole de vie à un peuple idolâtre. C'est là que reposent les reliques précieuses de ce glorieux martyr, ce trésor si miraculeusement échappé à la tempête révolutionnaire. C'est dans ce temple que la foule des fidèles accourt des extrémités des départements voisins pour célébrer sa fête et déposer devant leur premier évêque leur vénération, leur respect... » Le sous-préfet, René-Charles-Louis de Gigord (1818-1830) ; le préfet, comte de Nugent (1823-1828) ; le maire, Charles-François Boscal de Réals de Mornac (1816-1829), député, y compris Favreau, chapelain du roi, ancien professeur de 4e au collège de Saintes, parvenaient, après trois ans de démarches et de sollicitations, à obtenir, sur un devis estimatif de 32,000 francs, 16,000 francs de la ville, 5,000 francs sur les fonds alloués au département, peut-être encore d'autres sommes. Ce qui permit à Jean-Baptiste-Marie André, curé de Saint-Eutrope, aidé de Garde, architecte de la ville de Rochefort, et de Prévôt, entrepreneur à Saintes, d'écrire pompeusement en lettres noires à la voûte : « Cette église a été reconstruite en 1831 ».

ECCLESIA SANCTI EUTROPII

REÆDIFICATA ANNO DOMINI

MDCCCXXXI

Puis ceci :

LA PREMIÈRE BRIQUE DE CETTE VOUTE A ÉTÉ POSÉE PAR M. ANDRÉ, CURÉ DE SAINT-EUTROPE, LE 11 MAI 1831.

On aurait bien dû distribuer au curé et à l'architecte les 30,000 francs et au-delà pour qu'ils ne déshonorassent pas ainsi ce beau monument. Au lieu de la coupole romane du clocher primitif, ils ont posé une coupole à leur guise, et au lieu d'un portail ils ont planté un mur percé de trois portes, creusé de trois niches informes, décoré de moulures sans nom. « Ce mur, dit Charles des Moulins, dont l'ornementation n'est complètement ni égyptienne, ni grecque, ni romane, ni ogivale, mais un peu de tout cela, peut être considéré comme le bilan de l'ignorance et de l'impuissance en matière religieuse qui ont caractérisé le premier tiers de notre siècle ». M. Marion ajoute : « Le portail, conçu dans le goût le plus bizarre, date de 1831 ; il présente le mélange malheureux du style du siècle dernier combiné avec le style de l'empire ». Et l'auteur du *Rapport*, voyant la place plantée d'arbres, s'écriait : « Je les aime, ces arbres ; ils voilent la façade ; c'est une manière de feuille de vigne ».

C'était l'époque où, pris d'une généreuse indignation, Montalembert, Victor Hugo, Vitet, signalaient au monde civilisé les ravages des modernes Vandales, flétrissaient des destructions impies et révélaient les charmes de nos vieux sanctuaires à ceux qui venaient y prier, leurs beautés à ceux qu'effrayaient leur sainteté. Les strophes vengeresses des *Odes* sur *La bande noire* n'étaient sans doute pas encore parvenues jusqu'en Saintonge, *Ultima Thule*. Aussi s'est-on livré à une monumentale débauche d'architecture. Est-ce là une porte d'église ? En cherchant bien, peut-être finirez-vous « par découvrir une croix plantée quelque part et avec autant de bonne grâce que le drapeau tricolore sur les tours de Notre-Dame », disait Montalembert. Ici la croix même n'existe pas.

La crypte, par bonheur, échappait à ces restaurations stupides. En partie comblée par les débris de l'église haute qu'on y avait poussés par l'escalier, elle se contentait de servir d'appentis, de hangard et de chais à tout le quartier. Chacun y déposait les « acqueries » qui le gênaient chez lui ; les couvreurs y remisaient leurs échelles et leurs tuiles ; les maçons y faisaient amortir leur chaux ; le curé y fondait ses cloches, et prenait grand soin de graver cette sottise sur le bronze : « Cette cloche a été refondue dans l'église basse... »

C'est en creusant, pour cette fusion intempestive, un trou de quatre mètres dans la nef, devant l'autel, que l'on découvrit un très volumineux cercueil de plomb. Deux ouvriers en avaient leur faix. Les manouvriers se le partagèrent avec tout ce qu'ils trouvèrent ; pourtant on ne vendit pas les os pour en faire du noir animal ; ils furent portés au cimetière.

Et voilà comment sans doute vous pouvez maintenant chercher le corps de saint Léonce de Saintes dans la crypte où il reposait près de saint Eutrope. On maudit la rage qui s'acharne contre les cadavres des saints, et l'on les jette soi-même à la fosse commune. L'ineptie multipliée par l'indifférence égale la haine.

XVIII

La crypte. — La restauration. — Qui a découvert le tombeau ?
Le 19 mai 1843. — Examen et enquête pour constater l'authenticité. — Les objections et les difficultés. — Sainte Eustelle
et les saints innocents. — Les médailles et l'archéologie. — Opinion de Letronne et de M. Edmond
Le Blant. — L'attente. — Décision de l'é-
vêque. Troisième translation.

LE temps approchait pourtant où tant d'ignorance enfin se dissiperait et où la crypte vénérable rede-
viendrait un lieu de prières.

Un ecclésiastique, qui avait été pendant deux ans et
demi vicaire à Saint-Eutrope, et qui avait lu les ouvrages,
entendu les paroles du rénovateur de l'archéologie nationale, d'Arcisse de Caumont, actif, intelligent, se prit d'affection pour cet antique édifice, tout noir, tout décrépit,
objet du dédain de la foule. Secrétaire de la société d'archéologie qu'avaient fondée le comte Pierre de Vaudreuil et
Nicolas Moreau, il entreprit de rendre au culte ce berceau

de la foi dans la province. Les ressources étaient faibles et il y avait tant à faire ! Il ne se rebuta pas, et fut secondé par quelques hommes intelligents. Il fallait déblayer jusqu'à trois mètres de terres extérieures pour rendre l'air et la lumière, la santé au vieux monument, et enlever à l'intérieur deux mètres de décombres mêlés de sépultures, qui cachaient les bases des piliers et des pilastres, en outre remplacer les pierres rongées, nettoyer sans les endommager les sculptures, relever les autels tombés, reconstruire celui de la nef qu'on n'avait pas retrouvé, niveler le terrain, respecter les tombes des nombreuses générations de fidèles qui dormaient, pressées à l'ombre des murs sacrés, sous la protection des saints de la crypte, et dont les auges funéraires, découvertes par les travaux de la route qui traverse le cimetière, affleurent encore le sol. On se mit cependant à l'œuvre. Avait-on quelque arrière-pensée en restaurant l'église? Pensait-on que la tradition écrite mentait? Savait-on, par une tradition orale, par les récits d'une foi obstinée, que l'apôtre des Santons était là? Je n'ai pas à chercher qui de l'abbé Lacurie ou de l'abbé Briand eut la pensée que le tombeau avait été préservé, puis qu'il le fallait chercher à l'endroit où avait dû être l'autel.

Ça été l'occasion d'une querelle épique où le public mêla sa note gaie, et prit parti par des ponts-neufs aux discussions peu littéraires des deux champions. Il est probable que l'évènement donna corps à quelques idées vagues, curiosité de savant, espoir du prêtre, désir de chercheur, et que chacun crut réellement avoir eu l'intuition de l'évènement qui arriva.

Briand cependant affirme que, depuis de longues années, il avait la conviction de la présence d'Eutrope dans la crypte ; il l'a dit, il l'a écrit, partout, en chaire et dans ses livres ; il avait recommandé à Marie-Eustelle Harpain, morte en odeur de sainteté le 29 juin 1842, à Saintes, de le lui faire retrouver. Il a dit à Lacurie, qui a nié, parce qu'il ne se souvenait plus : « Vous ne ferez donc pas de fouilles dans cette église ! Je crois qu'elle renferme le tombeau de saint Eutrope ! » L'évêque a donné raison à Briand. Lacurie peut laisser à Briand l'honneur d'avoir découvert le sarcophage ; lui a la gloire d'avoir réparé la crypte, et fourni l'occasion de le découvrir.

Tout-à-coup, un jour du mois de mai, un bruit se répand en ville avec la rapidité de l'éclair. Les ouvriers occupés à l'église basse ont heurté de leurs pioches un massif de maçonnerie et, quelques pierres enlevées, ont vu une large dalle ; il y a des lettres. Le directeur des travaux averti prévient M. Person, vicaire de Saint-Pierre, et Stanislas Moufflet, principal du collège, l'un membre, l'autre vice-président de la société archéologique. Moufflet, qui arrive le premier, déchiffre avec émotion les caractères :

ꟼVTROPIVS

C'est saint Eutrope ! Avant tout examen, avant toute réflexion, la voix du peuple enthousiasmé crie : « C'est saint Eutrope ! » Le curé appelle l'autorité ecclésiastique représentée par le curé de Saint-Pierre, Réveillaud, vicaire général de La Rochelle. A une heure, le 19, les curés de la ville, des juges, des savants, les fabriciens, deux médecins, sont réunis à la crypte. Devant eux, les ouvriers enlèvent la pierre prismatique ; elle laisse voir une auge remplie de charbon concassé d'une couche de 55 centimètres, avec une cinquantaine de menues pièces portant d'un côté CARLVS REX, de l'autre METALO, monnaie des comtes de Poitou, ducs d'Aquitaine aux XIe et XIIe siècles, alors seigneurs de Saintes, et qui avaient en 1081 donné Saint-Eutrope à Cluny. Le charbon ôté, apparaît un couvercle de plomb à bords rabattus, posé sur un autre couvercle de même métal ; ils recouvraient une capse aussi de plomb, au fond de laquelle étaient des ossements desséchés. Bouyer et Briault, docteurs en médecine, examinent ces restes osseux, et y reconnaissent les débris de deux adultes, non compris ceux d'un enfant naissant. On en dresse l'inventaire ; et le procès-verbal est signé Réveillaud, Lacurie, Briand, Person, André, Daunas, Moufflet, Bouyer, Briault, Bonnet ; Giraudias, Gaudin et Limal, avocats ; Tortat, procureur du roi ; Duret, substitut ; Duclos, vicaire ; Coindreau, curé de Bussac ; Delaage de Saint-Germain, curé de Saint-Pallais ; Huvet, juge de paix ; Claviez, adjoint ; Carré de Sainte-Gemme, Levesquot, de Crugy, Julien-Laferrière et Néraud, membres de la fabrique ; Dangibeaud et Guillebaud, juges ; Forestier, ingénieur des ponts-et-chaussées ; Jean Bey et Jean Vignaud, ouvriers.

Ce fut un grand évènement ; au point de vue archéologique, il y avait un problème intéressant à résoudre : on ne trouvait pas tous les jours de sépulture d'une aussi haute antiquité ; et les savants étaient curieux de connaître ce qu'elle était, ce qu'elle renfermait. Les chrétiens n'étaient pas moins avides de savoir si c'était bien là cet

Eutrope, qui était venu d'Orient, envoyé par Pierre ou Clément, prêcher la foi aux Santons, et avait été martyrisé par eux. La foi populaire n'avait pas hésité un instant; les Saintongeais répétaient ce que chantaient leurs pères à matines : « C'est un beau jour, que celui où le martyr sort brillant de son tombeau sanglant et vient porter secours aux fidèles inquiets. Alors règne la sécurité ; alors le marin ne craint plus de confier sa barque aux flots... » Mais les sceptiques faisaient des objections, et graves.

Au moyen âge peut-être n'eut-on pas compris ces lenteurs et cette prudence : le lieu, la disposition de la tombe, l'inscription, les traditions eussent suffi ; et l'élan spontané de la foule eut proclamé bien haut et promptement qu'elle venait de retrouver son ami, son patron, son père. L'autorité ecclésiastique procéda avec méthode et sagesse, étudia, consulta, s'entoura de pièces, de documents, de témoignages, et ne se décida à prononcer un jugement qu'après plusieurs années d'enquête.

Un mois après le 19 mai, une ordonnance du vicaire général Gaboreau, en l'absence· de l'évêque, confia la capse de plomb, placée dans une caisse de sapin duement clouée et scellée, à la garde du curé jusqu'à la décision de l'évêque, avec excommunication *ipso facto* contre qui romprait les sceaux, dégraderait la pierre du tombeau, déroberait quelque ossement, ou même ne remettrait pas au curé, ce que, « par mouvement de piété ou autrement », il aurait pu distraire du dépôt primitif au moment de l'ouverture. Ce qui n'empêcha pas que deux vertèbres disparues ne furent pas rapportées.

L'évêque de La Rochelle (1835-1855), Clément Villecourt, mort cardinal (7 janvier 1867), était alors à Rome. A son retour, cinq mois après, il raconta à ses diocésains dans une lettre pastorale son voyage *ad limina*, les souvenirs de la ville éternelle, sa visite aux catacombes, et aux sanctuaires célèbres, puis cet incident : « Nous touchions au moment de nous arracher de cette ville sainte et chérie, lorsque la divine Providence a mis sous nos yeux une lampe antique trouvée sur le mont Célius et représentant le vaisseau de l'église guidé par saint Pierre. Cette lampe, qui remonte au moins au second siècle, porte cette épigraphe : *Dominus dat legem Valerio Severo Evtropi vivas*, c'est-à-dire : « *Le Seigneur donne sa loi à Valerius Sévérus. Vivez,* » *cher Eutrope.* » Ce sont les adieux d'un vieillard qui va subir la loi commune du trépas, et qui consent à se séparer d'un ami qui est dans la force de l'âge. A cette vue notre cœur a palpité d'allégresse. Quel était ce vieillard ?... Un chrétien ; la lampe symbolique le montre assez.... Mais quel est cet Eutrope bien aimé ? Ne pourrait-il pas être l'apôtre de notre Saintonge, incontestablement parti de Rome, et probablement consacré sur le mont Célius, dans l'église Saint-Clément ! On ne peut douter qu'à son départ des vœux avaient été formés pour la prolongation et le succès de son apostolat. Peu de jours auparavant nous avions reçu de La Rochelle l'intéressante annonce de la découverte d'un tombeau portant le nom d'Eutrope. Rome avait partagé notre joie en lisant les détails de cet heureux évènement... »

Villecourt est à Saintes, le 4 novembre ; il nomme un conseil composé de : Nicolas-Prosper de Montalembert, chanoine du chapitre ; André, curé de Saint-Eutrope ; Ré-

veillaud, curé de Saint-Pierre ; Nadaud et Joseph Briand,
chanoines honoraires ; Lacurie, aumônier du collège ;
Thévenin de Tanlay, sous-préfet ; Antoine Tortat, procureur du roi ; Émile Giraudias, avocat, adjoint au maire ;
Carré de Sainte-Gemme, chevalier de la légion d'honneur,
président du conseil de fabrique ; les docteurs Bouyer et
Briault, et Moufflet, qui remplit les fonctions de secrétaire. Le rapporteur était Louis-Théophile Pallu du Parc,
vicaire général, plus tard (1850) évêque de Blois. Les
médecins reconnurent des ossements appartenant certainement à trois individus, à l'un desquels, homme fait,
manquait une côte, la mâchoire inférieure, un bras et
la tête. Or, nous savons que le chef de saint Eutrope
avait toujours été séparé du corps et vénéré dans l'église
haute avec le maxillaire et un humerus, puis qu'une de ses
côtes avait été donnée, en 1386, à Louis de Bourbon
pour la collégiale de Moulins.

Le 7 novembre, après que le conseil eut constaté que
l'évêque était compétent pour prononcer sur l'authenticité
des reliques, et que le jugement à intervenir devait déclarer si on les pouvait honorer publiquement comme étant
véritablement les restes d'un saint, une commission fut
désignée : Gaboreau, Briand, Lacurie, Moufflet et Pallu
du Parc, pour étudier d'une façon approfondie les preuves et les difficultés de la cause. En effet, s'il y avait de
fortes présomptions et presque une certitude morale, il y
avait aussi des obstacles considérables : ignorance où l'on
était depuis longtemps de l'existence du tombeau, et tradition propagée par les légendes du bréviaire qu'il avait
été anéanti par les huguenots ; présence en plusieurs

villes du corps ou partie du corps, enfin mélange dans le même tombeau d'ossements hétérogènes, surtout d'un enfant. La commission se mit à l'œuvre avec ardeur.

Les objections étaient faciles à réfuter. Des textes authentiques prouvaient que toujours on avait cru à la présence du corps de saint Eutrope dans la crypte : translation de saint Pallais au vi^e siècle; translation par Ramnulfe de Foucaud au xie avec une description minutieuse du tombeau qui convenait exactement au tombeau trouvé le 19 mai; visites des rois et des princes, dons, pèlerinages, tout démontrait qu'il ne pouvait y avoir eu dans le sol de l'église basse deux tombes identiques, dont l'une, la vraie, celle d'Eutrope, vue par saint Pallais et par l'évêque de 1096, aurait été violée, ravagée, brisée, détruite en 1562, et dont l'autre, portant le nom d'EUTROPIUS, semblable à celle de saint Pallais, ne serait pas celle de saint Eutrope. Certes, comme au vi^e siècle, le martyr, ainsi que le chantaient les hymnes et le racontaient les légendaires, n'apparut pas lui-même pour dire : « C'est moi ! »; mais les faits parlaient d'eux-mêmes. Comment se pouvait-il faire qu'il y eut là, dans une crypte consacrée à saint Eutrope, un cadavre autre que le sien, à qui manquaient précisément les quatre ossements ailleurs vénérés authentiquement comme ceux d'Eutrope ?

Devant des preuves aussi convaincantes que devenaient les quelques difficultés accessoires ? Que devenait la tradition de l'abbaye de la sainte Trinité de Vendôme, qui croyait posséder le corps entier ? Examen fait, on s'aperçut vite, comme nous l'avons vu plus haut, que Vendôme n'avait jamais possédé qu'une relique peu importante, et que ces bras ou ces côtes qui se trouvaient dans plusieurs villes, n'étaient que des portions infimes d'une côte ou d'un bras. Calculez ce qu'une vertèbre, par exemple, peut fournir de fragments à enchâsser dans un reliquaire. C'est par milliers qu'il faudra compter les heureux qu'elle fera.

Eutropius, disait-on, est un Eutrope quelconque, puisqu'il n'y a pas le mot *sanctus ;* et ce tombeau renferme une famille, le père, la mère, l'enfant. Or, c'est un fait prouvé que l'épithète de *sanctus* devant le nom n'est d'usage qu'à partir du xie siècle, et son absence même dénote une haute antiquité. Le tombeau de saint Augustin à Pavie portait simplement AVGVSTINO; et il renfermait, nous rapporte Montfaucon, une capse d'argent avec son couvercle, les débris d'une autre capse et une pièce de monnaie ; ressemblance frappante avec le nôtre. De plus était-il bien nécessaire de désigner par des titres le patron de l'église Saint-Eutrope ? et dans sa propre église ? Nous avons souvent dans cet ouvrage nommé Eutrope et Eustelle ; quelque lecteur s'avisera-t-il qu'il s'agit d'autres personnages que des saints de ces noms ?

La présence du corps d'un adulte plus jeune dans le sarcophage n'avait non plus rien d'insolite, surtout si l'on voulait bien se rappeler qu'Eustelle, convertie par Eutrope, martyrisée pour lui, lui avait donné la sépulture d'abord, et avait voulu être inhumée près de lui; que les fidèles avaient réunis dans une auge de pierre le père spirituel et sa fille adoptive ; et que toujours leurs noms s'étaient rencontrés dans les mêmes prières, dans le même culte, inséparablement unis dans la tombe et dans l'invocation des chrétiens.

Mais les restes de l'enfant! — D'abord le corps n'est pas complet et il a été mis là à l'état d'ossements. Or, c'était l'usage dans les premiers siècles de réunir au cadavre d'un saint les os d'un autre moins illustre; spécialement d'un enfant, d'un de ces petits martyrs mis à mort par Hérode. Ainsi le tombeau de saint Savinien, à Troyes, contenait en outre les os de saint Eoalde et d'un enfant naissant; celui de saint Pérégrin, évêque d'Auxerre, les os d'un petit enfant; celui de sainte Marthe, le corps d'une autre personne et celui d'un petit innocent; celui de saint Maximin, apôtre d'Aix, avait deux innocents. Dans celui de saint Eutrope, évêque d'Orange, on mit deux petits innocents, que lui-même avait apportés de Judée. Les Bollandistes citent encore de nombreux exemples : (Au t. 1 de janvier, p. 609) saint Paul, ermite, à Offen, avec deux corps d'innocents ; (1er de février, p. 387), sainte Bellande, à Morbec, avec deux autres corps et un innocent ; (tome III d'octobre, p. 810, 7 octobre), sainte Justine, saint Mathias et saint Luc, avec les petits corps de trois innocents ; (id., p. 813) à Padoue, saint Julien avec trois innocents, et saint Urius avec un. On mentionne en outre Carrien au commencement du ve siècle rapportant de Bethléem à Marseille plusieurs petits corps d'innocents, (Bollandistes, tome VII de septembre, 738). Et Grégoire de Tours raconte en particulier que sainte Radegonde envoya à Jérusalem, dans tout l'Orient, chercher des reliques. Il est certain que son monastère de Sainte-Croix possédait des innocents renfermés dans un coffre d'argent: car le père Jean Bonnet, en venant (juin 1617) à Saintes recteur du collège, avait reçu de l'abbesse Charlotte-Flandrine de Nassau, une côte de l'un d'eux, dont il garantit, l'authenticité. Saint Pallais, qui obtenait de saint Grégoire le Grand, différentes reliques pour son église de Saint-Pierre et Saint-Paul, a certainement pu avoir de sa contemporaine sainte Radegonde un corps d'innocent, aussi bien que Jean Bonnet de Flandrine de Nassau. Ou bien, saint Eutrope avait, comme beaucoup de missionnaires orientaux, apporté avec lui les ossements d'une des victimes d'Hérode. La terre adhérente aux ossements des deux est la même.

L'archéologie corroborait les données de l'histoire. Un membre de l'académie des inscriptions et belles lettres, directeur de l'école des chartes, administrateur du collège de France et de la bibliothèque royale, garde général des archives du royaume, Antoine-Jean Letronne, dont le savoir était reconnu par tous, lut à ses confrères, dans les séances des 12 septembre et 7 novembre 1845, un travail où il se prononça très nettement. « Dans ce mémoire, rédigé avec cette sagacité merveilleuse qui distingue l'illustre archéologue, Letronne, dit M. Jules Marion, au moyen d'une suite de raisonnements, tous appuyés sur des documents historiques, établit que la sépulture découverte en 1843, est bien réellement celle qui, du temps de saint Palladius, c'est-à-dire au vi[e] siècle, passait pour renfermer, depuis deux siècles déjà, les reliques de saint Eutrope. L'opinion de M. Letronne a fait loi, et, le tombeau, rétabli dans son état primitif, est aujourd'hui exposé à la vénération des fidèles comme celui de l'apôtre de la Saintonge ».

Letronne avait conclu ainsi : « Je ne vois rien qui puisse infirmer les propositions suivantes : 1° La sépulture découverte en 1843 est bien celle qui fut placée 747 ans auparavant par les religieux de Cluny; 2° cette sépulture était alors reconnue pour celle de saint Eutrope; 3° le sarcophage en pierre avec sa capse en plomb est le même que celui que saint Palladius avait fait placer dans l'église construite par lui en l'honneur de saint Eutrope, et les ossements y sont restés dans le même état, la capse n'en ayant été ouverte qu'en 1096; 4° c'est aussi le même où saint Palladius trouva les ossements lors de la première translation opérée au vi^e siècle; 5° conséquemment les ossements qu'il renferme sont donc ceux de saint Eutrope; et les restes d'un crâne de femme qu'on y a trouvé doivent appartenir au chef de sainte Eustelle ».

Le savant académicien croyait que capse et pierre étaient celles mêmes où les chrétiens avaient mis Eutrope et Eustelle. Or, il ne remarquait pas que d'après lui l'inscription où l'ε, seul caractéristique, « a la forme de ε grec arrondi, se montre dans les inscriptions latines et sur les monnaies à partir du IIIe siècle... et ne se montre plus au commencement du XIIe siècle ». Donc, Eutrope ne serait pas venu en Saintonge au premier siècle. Mais on a fait observer avec raison que l'exiguité du sarcophage ne peut permettre de croire à la sépulture primitive : « L'auge de pierre ne mesure, en effet, à l'intérieur, qu'une longueur de 1 mètre 01 sur 0,60 de largeur et 0,42 de hauteur; elle n'aurait donc pu recevoir un corps humain auquel, d'après le martyrologe de du Saussay, on aurait joint presque aussitôt un second cadavre, celui de sainte Eustelle. Il faut donc plutôt, si rien ne s'y oppose d'ailleurs, reporter notre monument à l'époque de la translation dont parle Grégoire de Tours. »

Cette opinion de M. Edmond Le Blant, si compétent dans ces questions, est corroborée par ce fait que les os étaient des os déjà consommés quand ils furent mis dans la capse, et qu'ils portaient encore des traces de la terre où ils avaient d'abord séjourné, comme nous l'avons dit. Quant à la question paléographique, tout en faisant certaines réserves parce qu'il n'a pas vu lui-même la pierre, il fait remarquer « que les sarcophages de pierre trouvés dans le pays et portant pour toute inscription, comme celui de Saintes, un nom en gros caractères, semblent appartenir au vi^e siècle ou au début du viie. J'ajoute, continue-t-il, que sur nos monuments chrétiens à date certaine, l'*Ɛ* lunaire ne se montre pas avant l'année 527 ».

La curiosité était vivement excitée. Le bruit de la découverte s'était répandu par toute la France et au delà. Le nom d'Eutrope volait de bouche en bouche. Chaque diocèse dont le bréviaire contenait sa légende, Toulouse et Rouen, Troyes et Montauban, Carcassonne et Saint-Papoul, qui croyait posséder dans sa cathédrale une partie de la tête du martyr ; Toulon et Bordeaux, Périgueux et Paris ; ou qui l'honorent, comme Saint-Brieuc, qui a plusieurs chapelles à lui dédiées, fait assez rare dans la Bretagne attachée surtout aux saints bretons ; chaque paroisse qui l'invoquait comme patron ou possédait une confrérie, comme celle de Saint-Pierre de Vic-Fezenzac, arrondissement d'Auch, fondée en 1624, comme celle des

tisserands chez les frères prêcheurs d'Auch, comme à
Sainte-Foy de Peyrolières qui compte encore 150 membres et dont l'origine se perd dans le moyen âge, ou
une relique, comme à Aubiet et à Villefranche d'Asta-
rac, ou une statue comme à Bazoches sur le Bez (Loiret) ; toute localité qui de près ou de loin tenait au
premier évêque de Saintes : Balmerous (Belmerou) du
diocèse de Cahors, qui avait un prieuré bénédictin de
Saint-Eutrope, à la collation de l'abbé de Figeac ; Pion-
sat, canton de Jarnages dans la Creuse, où le monastère
des célestins de Ternes avait un autel à lui consacré ;
l'église abbatiale de Saint-Sever de Rustan, canton de
Rabastens, diocèse de Tarbes (Hautes-Pyrénées) ; celle de
Saint-Sever Cap de Gascogne, arrondissement de Mont-de-
Marsan, le prieuré de Marcolès, canton de Saint-Mamet,
arrondissement d'Aurillac, qui avaient sa chapelle ; Mantes
(Seine-et-Oise), où l'église de Notre-Dame avait une chapelle fondée en 1320 (aujourd'hui dédiée au Sacré Cœur) et
consacrée à saint Eutrope par Jeanne de France, fille de
Louis le Hutin, et Philippe d'Evreux son mari ; Ver-
teuil d'Agenais, où un habitant, pour avoir mutilé la statue du saint, expira dans d'inénarrables tortures, et où des
animaux même périrent subitement pour avoir travaillé le 30
avril, sans compter tous les autres lieux déjà énumérés,
ni ceux qui nous sont inconnus, tous étaient dans l'attente, tous suivaient avec anxiété les débats, priant Dieu
d'éclairer des lumières de la vérité l'esprit des juges qui
allaient prononcer la sentence. D'avance on sollicitait
comme une insigne faveur une parcelle de ces précieux
restes, si leur authenticité était reconnue. On devait une

réponse et décisive ; on devait satisfaire à tant de légitimes curiosités et de pieuses impatiences.

Les travaux de la commission durèrent deux ans ; six séances y furent consacrées en 1843, autant en 1845. Les leçons du bréviaire de Saintes (1850) ont résumé les faits. Rien ne fut épargné : études, voyages, transcription et confrontation de pièces ; on fouilla les archives et les bibliothèques ; on demanda leur opinion aux écrivains anciens, aux chroniqueurs du moyen âge, aux hagiologues ; on interrogea la science sacrée et la science profane. En même temps qu'on suivait scrupuleusement les règles de Benoît XIV relatives à la canonisation des saints, qu'on puisait dans les Bollandistes et dom Estiennot, dans les bénédictins et du Saussay, dans le père Labbe et le moine de Saint-Cybard, on demandait aux savants laïcs, aux numismatistes, aux archéologues, leur sentiment.

Toutes les objections s'étaient librement produites ; on était même allé au-devant d'elles ; tous les points douteux avaient été scrupuleusement étudiés ; et toutes les principales difficultés écartées. Si malgré les témoignages les plus probants, il restait dans quelques esprits un doute au sujet des ossements d'enfants, il n'y avait que certitude pour les os d'adultes. Les circonstances extérieures, position du tombeau, excavation dans le roc vif, structure exactement conforme à la description du moine de Saint-Cybard au XIe siècle, inscription en lettres carolingiennes au VIe siècle, absence de tout titre conforme aux habitudes des premiers siècles ; les monnaies, datant l'enfouissement du tombeau au XVIe siècle, et la capse qui y était enfermée au VIe ; les pèlerinages, les fondations, les titres montrant que rois et peuples, princes et particuliers ont cru pendant tant de siècles consécutifs à la présence du saint dans la crypte ; enfin les ossements où il manque précisément ceux que l'on sait certainement être ailleurs, tout cela constituait un ensemble de preuves devant lesquelles on ne pouvait que s'incliner. L'évidence éclatait aux yeux de tous.

Aussi, dans une séance générale du 6 septembre 1845, fête de saint Pallais, « au nom de la très glorieuse trinité, en l'honneur de celui dont la miséricorde divine a bien voulu se servir pour retirer nos pères des ténèbres de l'infidélité en faisant briller à leurs yeux les lumières de la vraie foi et du saint évangile, » l'évêque, « après avoir longtemps invoqué les lumières de l'esprit saint, après avoir entendu les conclusions de notre promoteur et avoir pris l'avis du conseil et des membres présents du chapitre, le saint nom de Dieu invoqué », prononça, déclara et affirma « qu'il demeure prouvé que le tombeau est réellement celui du premier évêque et martyr de la Saintonge, et que les ossements d'adulte qu'il contenait sont certainement ceux du même saint Eutrope. » Il ajouta : « Sans nous occuper d'un léger fragment d'os étranger qui s'est introduit dans ce même tombeau par une cause qui nous est inconnue, nous regardons comme certains et indubitables que tous les autres ossements trouvés dans ledit tombeau appartiennent à des corps saints, et nous jugeons également que l'on peut, sur des motifs graves et nombreux, établir que la tête renfermée dans la même capse est celle de sainte Eustelle, vierge et martyre. »

Pendant huit jours les reliques furent exposées dans
l'église haute, le corps de saint Eutrope seul dans un riche reliquaire élevé de plusieurs pieds, puis la capse en
plomb renfermant la tête de sainte Eustelle et du saint
innocent; et chaque jour une foule nouvelle leur venait
apporter ses hommages, célébrait la gloire d'Eutrope et
chantait les louanges d'Eustelle : « De quelle éclatante
lumière tu brilles, ô fille du roi des Santons; quel parfum
s'exhale de cette fleur virginale que tu as teinte de ton
sang, Eustelle » ! La translation avait été fixée au 14
octobre, anniversaire de 1096. Depuis huit jours que durait la neuvaine préparatoire, le temps était affreux; toutes les cataractes du ciel s'étaient ouvertes, et des pluies
diluviennes, comme il n'en tombe, je crois, qu'en Saintonge dans ces occasions-là, des éclats de tonnerre à ren-
verser le clocher de Saint-Pierre, des bourrasques épou-
vantables, jetaient la tristesse et l'effroi dans toutes les
âmes croyantes et généreuses, la joie dans les autres : et,
hochant la tête en voyant les préparatifs de la fête, les
scribes et les pharisiens criaient : « Et maintenant, lui qui
fait des miracles pour les autres, qu'il en fasse un pour
lui. *Alios servavit, seipsum servare non potest.* »

Or, le 12, la pluie tombait encore à torrents; c'était
pour nettoyer les rues et laver les routes sous les pas du
cortège; le 13, le vent souffle et sèche la boue, et un soleil radieux, un splendide soleil de mai, éclaire le 14.

La procession, partie du faubourg à neuf heures, n'y
rentra qu'à trois. Sous des guirlandes de verdure, des
couronnes de fleurs, des arcs de triomphe, elle parcourut
le cours Reverseaux, le cours National, la rue Porte-Ai-

guière. Eutrope, au milieu des hosannas et des cris d'allégresse, dans l'encens et les cantiques, escorté de six prélats, au son de la musique guerrière, passait encore dans
cette ville gallo-romaine où il était entré un jour, pauvre,
étranger, inconnu, dédaigné. Il revoyait quelques uns de
ces monuments qui l'avaient alors émerveillé, l'arc rajeuni
que le gaulois romanisé Rufus, fils d'Otuaneunus, avait
dressé par flatterie à Tibère, à Germanicus, à Drusus : ces
arènes, où avaient retenti si souvent le cri : « Eutrope aux
lions ! » puis cette molle Charente, qui se laisse couler
comme ses heureux riverains se laissent vivre ; et ce faubourg où il avait vécu et fait ses premières conquêtes. Les
maisons pavoisées, les balcons drapés, les fenêtres ornées,
les terrasses des jardins, les toits eux-mêmes couverts de
monde, fêtaient le pasteur retrouvé, « le saint protecteur
de la cité. Hic est fratrum amator, qui orat multum pro
populo ».

A Saint-Pierre, l'archevêque de Bordeaux célèbre la
messe. L'évêque de La Rochelle prononce le panégyrique,
où il raconte la vie du héros, sa mort triomphante et ses
vertus, félicitant la foule de son empressement.

Par la rue Saint-Maur et par la Bertonnière, on remontait
au plateau du faubourg. Et pendant tout ce long parcours,
les hymnes des prêtres alternaient avec les sons de la musique et le chant des cantiques. Les chœurs de jeunes filles
criaient à Eustelle : « Protège, ô vierge, le sol qui t'a vu
naître ; donne-lui la paix, le repos ; éloigne de nous les
ravages de l'hérésie. Regarde tes enfants... toi aussi, notre soutien, martyr, présent de Dieu à la terre santone,
regarde-nous ; écoute les vœux d'une ville qui s'empresse

à t'offrir ses hommages »... Et les jeunes gens reprenaient : « Pontife des Santons, ô maître de la foi, Eutrope, voici ton jour. La France t'élève des trophées et te présente la palme avec bonheur. Vois ce temple, qui garde tes restes ; comme il resplendit sous cette admirable décoration ; c'est pour toi, c'est pour t'honorer ».

Une capse nouvelle, divisée en trois compartiments pour chacun des trois corps saints fut mise dans la vieille capse, soudée et recouverte des deux couvercles, puis entourée d'une couche de charbon. Le sarcophage fut scellé avec ses quatre boulons de fer par du plomb fondu à l'empreinte du cachet épiscopal. Et le procès-verbal latin et français fut signé : Ferdinand Donnet, archevêque de Bordeaux ; Jean Miolland, évêque d'Amiens ; Jean Levezou de Vezins, évêque d'Agen ; Regnier, évêque d'Angoulême ; Léon Georges, évêque de Périgueux ; Clément Villecourt, de La Rochelle ; Gaboreau et Courcelles, vicaires généraux de La Rochelle ; Vicardière, doyen du chapitre ; Eutrope Thibaud, curé de la cathédrale ; Menuet, vicaire général de Luçon ; de La Tour, vicaire général de Bordeaux ; Fruchaud, vicaire général d'Angoulême, depuis évêque de Limoges ; Fradin, chanoine de La Rochelle ; Briand, chanoine honoraire ; Levé, ancien vicaire général ; André, curé de Saint-Eutrope ; Luce, supérieur de la congrégation des ursulines ; Boudinet, supérieur de l'institution diocésaine de Pons, depuis évêque d'Amiens ; Max de Saint-Exupéry, chanoine honoraire de Périgueux ; Tortat, procureur du roi ; Carré de Sainte-Gemme, président de la fabrique ; Giraudias ; de Brand ; Pallu du Parc, vicaire général, promoteur.

Et pendant ces fêtes glorieuses et expiatoires, qui célébraient l'évêque-martyr du 1er siècle, et aussi en les racontant, la pensée se reporte sur un autre évêque-martyr, qui évangélisa aussi les populations de la Saintonge et qui tomba aussi victime de sa foi. A dix sept cents ans d'intervalle, deux évêques de Saintes, le premier et le dernier, ont versé leur sang pour le Christ. C'est un fait peut-être unique dans les annales que les deux pontifes, qui ont ouvert et fermé la série des évêques d'une église, aient tous deux été massacrés en haine de la religion. Les diptyques de l'église de Saintes, qui avaient pour premier nom Eutrope, ne pouvaient mieux mettre leur *explicit* qu'après celui de Pierre-Louis de La Rochefoucauld.

La scène se passe au siècle de Voltaire, de Rousseau, de Montesquieu, sous le règne des philosophes qui prêchent la tolérance et l'horreur du fanatisme, sous le gouvernement d'hommes qui ont lu l'*Encyclopédie* et savent par cœur le *Contrat social*.

Dans une chapelle, dont on a chassé les moines au nom de la liberté, sont entassés, sans même un grabat, sur quelques chaises où jadis s'agenouillaient les fidèles, près de deux cents ecclésiastiques, jeunes et vieux, vieillards vénérables, lévites arrachés au séminaire, curés octogénaires, prédicateurs célèbres, vicaires généraux, évêques. Ce n'est pas même la cabane où Eutrope au moins était chez lui. A chaque instant, les outrages, les injures, les menaces de leurs gardiens, les cris féroces, les hurlements de la multitude du dehors et les coups de fusils au chant du « *Ça ira* », leur présagent la fin prochaine. Ils attendent, résignés, calmes, stoïques. L'un d'eux peut s'échapper : un ser-

viteur dévoué lui apporte un vêtement qui le déguisera :
« En avez-vous un autre pour mon frère ? — Non.
— Eh bien ! je reste ». Puis un jour, au son de la cloche
à laquelle répond le canon, le massacre commence ; on
tire dans le tas, les balles portent. Lui, penché sur son
frère qui vient de tomber blessé d'un coup de feu, lui pro-
digue les marques de la plus vive tendresse, les soins et
les consolations d'un ami qui va mourir : on priait, on
récitait la prière des agonisants, on faisait la recommanda-
tion de l'âme ; et, à l'appel de son nom, il s'avance enfin,
presque le dernier, avec le faible espoir que le moribond
sera épargné : car, dans les batailles les plus furieuses, on
n'achève pas les blessés. Là dans le corridor qui conduit à
la chapelle sont les égorgeurs. Il marche, ferme et serein ;
il va au devant des piques sanglantes, émoussées déjà sur
le corps de plus de cent cinquante victimes. Et il murmure
cette touchante prière que la tradition nous a conservée :
« Mon Dieu, je remets mon âme entre vos mains, et je
recommande à votre clémence ces pauvres gens qui ne se
souilleraient pas d'homicides, si d'affreux artifices ne leur
avaient pas ravi la crainte de vos jugements et l'amour
de votre bonté ».

A la porte, un commissaire lui demande encore s'il a
prêté le serment schismatique, s'il veut le prêter. C'est
donc bien pour la foi qu'il va mourir. On se précipite
sur lui ; les pieds glissent dans le sang fumant. Les piques font leur œuvre ; il chancelle ; c'en était fait. Ainsi
périt à l'âge de quarante-huit ans, Pierre-Louis de La Rochefoucauld, né au Vivier, diocèse de Périgueux, chanoine
de Beauvais, évêque de Saintes.

N'y a-t-il pas dans ces deux morts d'Eutrope et de La Rochefoucauld des ressemblances frappantes ! Un jour viendra où le dernier aussi aura son monument, plus tard son culte. Seule jusqu'à présent, dans tout son diocèse qui devrait être fier du martyr, la vieille église de Sainte-Madeleine de Crazannes conserve et montre son nom, et Ecurat a mis son portrait dans un vitrail. Sa cathédrale verra se réaliser une noble pensée et édifiera un souvenir à son dernier évêque. Ses os n'y reposeront jamais ; la fosse commune de Vaugirard les a dévorés avec ceux de cent vingt autres prêtres. Les barbares de 1792 ont été plus cruels que ceux de l'an 95 ; ils n'ont pas même laissé ses restes à la douleur des siens, à la piété de ses amis et de ses fidèles.

En attendant saluons d'un hommage et d'une prière le martyr des Carmes,

PRO FIDE CATHOLICA NECATO.

❧❧❧

L'ÉGLISE de Saint-Eutrope, par son ancienneté, par sa beauté architecturale qui l'a fait classer au nombre des monuments historiques, surtout par les souvenirs qui s'y rattachent, par le tombeau d'un missionnaire martyr de l'an 95, objet depuis tant de siècles de la vénération des populations indigènes et étrangères, méritait une distinction particulière. Il était réservé au curé actuel de la demander et de l'obtenir. Monseigneur Ardin, dans son dernier voyage à Rome, sollicita l'agrégation de l'église Saint-Eutrope à la basilique de Sainte-Marie majeure, et enfin l'érection en basilique mineure.

Il fallait conserver le souvenir d'un fait aussi mémorable. Une souscription a permis d'offrir à la nouvelle basilique un bourdon de 995 kilos, fondu à Orléans par M. Georges Bollée, et bénit le 14 octobre 1886, jour anniversaire de la translation, au milieu d'une affluence considérable. Il porte les armes de Léon XIII: *D'azur au peuplier de si-*

nople, posé sur une terrasse de même, adextré en chef d'une comète d'or et accosté en pointe de deux fleurs de lys du même ; à l'arc-en-ciel d'argent brochant sur le tout ; et celles de l'évêque diocésain : *De gueules à la croix d'or, surmontant six copeaux de même, au chef cousu d'azur, semé d'étoiles d'argent,* avec la devise : INSTAURARE OMNIA IN CHRISTO.

L'inscription est ainsi conçue :

. LAVS· DEO· ANNO· DNI· MDCCCLXXXVI· SEDENTE· PAPA· LEONE· XIII· STEPHANO· ARDIN· EPISC· RVPEL· ET SANTON· ANATOLIO· LEMERCIER· SANTONVM· VRBIS· MAIORE· FRANCISCO· CAZABANT· E· MISSIONIS· CONGREGATIONE· PRESBYTERO· PAROCHIÆ· RECTORE· BESNARD· COVSSOT. BOISNARD· MARCHAT· AVBIN· REI· PAROCHIALIS· ADMINISTRATORIBVS· EGO· SÆVIENTE· CHRISTICOLIS· PROCELLA· FIDE· VERO· VIGENTE· CONFLATA· FVI· AD· PERPETVAM· HVIVS· ECCLESIÆ· TITVLO· BASILICÆ· MINORIS· A· SVMMO· PONTIFICE· ORNATÆ· MEMORIAM· DIE· XIV·OCTOBRIS· QVO· DIVI· EVTROPII· PROVINCIÆ· PATRONI· TRANSLATIO· ANNVATIM· FREQUENTATVR· BENEDICTA· A· PRÆDICTO· EPISC· NOMEN· A SVSCEPTORIBVS· MEIS· GEORGIO· BESNARD· ET· ALOYSIA· MARGARITA· IVLIEN· LAFERRIERE· EVTROPIVS· MARGARITA· ACCEPI· CANTATE· DOMINO· CANTICVM· NOVVM·

Une pierre sculptée par M. Méchin perpétuera dans l'église la mémoire de cette double faveur. On y lit :

LEO· P· P· XIII·
ANTIQVISSIMVM· HOCCE· TEMPLVM·
SCTI· EVTROPII· EPISC· ET· MARTYRIS·
ET· CÆTERARVM· PROVINCIÆ· ECCLESIARVM· PRINCEPS·
BASILICÆ· LIBERIANÆ· ADGREGATVM·
NOMINE· AC· PRIVILEGIIS·

BASILICÆ· MINORIS·
AVXIT· ET· ORNAVIT·
DIE· XI· MAII· MDCCCLXXXVI·
STEPHANO· ARDIN· EPIS· RVPEL· ET· SANTON·
FRANCISCO· CAZABANT· PRESBYTERO· MISSIONIS· PAROCHO·

APPENDICE

I

Acta sancti Eutropii.

Hic Dionysius, beati Eutropii consocius, passionem ip-
sius Eutropii eo viuente peractam in Francia litteris
Graecis scripsit, et ipsam scripturam parentibus ejus, qui
iam in Christum crediderant, in Graeciam per manus beati
Clementis papae mitti ordinauit, quam Calixtus papa 2

Saint Eutrope, Evesque, Martyr, en l'an 95
sous Domitian.

S. Eutrope fut Euesque Martyr, associé de S. Denis (qui est communément appelé l'Apostre de la France), et d'autres saincts que nous
dirons cy après : on dit mesme que S. Denis mist la main à la plume
pour escrire ses souffrances, qu'il envoya par les mains de S. Clément
en la ville d'Athènes. L'histoire antique raconte qu'il fut Persan de nation, et sorty de maison Royalle, fils d'un Père nommé Xerces, Prince
(ou Roy) de Perse, et de Guine, femme de ce Monarque, qui, pour

Constantinopoli in schola Graecorum reperiens, in Latinum trasferri fecit, ut refert Vincen, in spe. histo. lib. ii, cap. 18. Hic igitur Eutropius, genere Gentili editus, excellentiori prosapia oriundus, quem Babylonius Adimundus nomine Xerces et Guma regina genuerunt humanitus; qui in pueritia literis Graecis et Chaldaicis edoctus ad Herodem regem in Galilaeam adiit, si forte aliquid curiosum discere valeret. Et in ejus curia aliquandiu manens, cùm audisset miracula saluatoris, multùm desiderabat eum videre. Cùm autem Iesus abiit trans mare Galileae, contingit Eutropium se reperire praesentem, quando Christus de quinque panibus et duobus piscibus satiauit quinque millia hominum : multumque desiderabat eum alloqui : sed pedagogum sibi datum Nicanorem quemdam timebat offendere. Reuer-

---

ses moyens et sa prudence, eut grand soing de ce sien fils, le faisant dès son bas âge appliquer aux estudes et sciences Persanes, Chaldaïques et Grecques, esquelles il fut bien instruit, dont il en devint fort docte ; et pour ce que les hommes de sciences et bien-nais toujours sont désireux d'apprendre et sçavoir quelque chose de nouveau, comme se manient les grands et riches Seigneurs, au printemps de ses jours, il eut désir de voir les contrées les plus célèbres du monde, signamment les voisines. Il en receut permission de son père, bien aise que son fils se portast à la vertu, et pour apprendre les diverses meurs et humeurs des nations étrangères, espérant qu'il en tireroit de la sagesse, comme l'ancien Prince Ulysse : c'est pourquoy il lui donna pour pédagogue, conseil et conducteur, un sage homme de son estat, nommé Nicanor, avec commandement de ne rien faire sans son advis. Que pouuoit-il arriver de si bons desseins de ce jeune prince, si non qu'une bonne issue ? Ils ouyrent le bruit de la Judée qui était une contrée alors bien fréquentée de toutes les nations qui sont sous le Ciel. C'est pourquoy le Prince, par l'advis de Nicanor son conseil, s'y achemina, et s'en vint en la Galilée voir la cour du roi Hérodes pour y communiquer avec les plus sages, apprendre les façons du païs, ouïr la langue, et y trouver les instructions qui le pourroient disposer et conduire à bien régir l'estat que son père lui gardoit ; mais entendant les cruautés d'Hérodes,

sus exinde ad parentum domum cœpit patri narrare dicens :
« Vidi hominem, qui dicitur Christus, cui in toto mundo
nequit similis inueniri, vitam mortuis, caecis visum, sur-
dis auditum, claudis gressum, leprosis mundationem, om-
nibusque generibus infirmitatum sanitem praebentem. Quid
plura ? Quinque millia hominum ex quinque panibus et
duobus piscibus me praesente satiauit. » Haec audiens pater
ejus Adimundus cogitabat qualiter posset videre hunc Iesum. Nec multo post Eutropius, impetrata licentia à patre,
desiderans iterum videre Dominum Iesum, Hierusalem
adiit cum decenti comitatu, causa adorandi in templo, quod
et plures gentiles faciebant de diuersis partibus aduenientes.
Die autem palmarum, videns Dominum Jesum maxima turba associatum, et pueros clamantes « Osanna filio David »,

---

et ses impudiques vilanies, cela lui fict un crève-cœur, en son âme,
pensant que dans la Judée, païs de Saincteté, et en la cour de ce Monarque, qui avoit eu ses prédécesseurs Roys de Juda si nobles et si
Saincts, il y verroit autre chose.

Il en fut déplaisant ; néantmoins les merveilles du Fils de Dieu Jésus-
Christ, vinrent à sa cognoissance. Voyez-vous que Dieu donne à tous
des grâces suffisantes pour le salut ? Voyez-vous que le Ciel est toujours favorable aux esprits bien-nais qui désirent le bien ? Les vilanies,
cruautez et desbauches d'Hérodes et de sa cour sont douleur et amer-
tume au cœur d'Eutrope, et les miracles de Jésus au contraire le ravis-
sent : il l'alla ouyr et entendre ses prédications avec une bonne volonté
et meilleure disposition ; desquelles touché en son âme, bien qu'il fus
idolâtre, il commença de l'aimer et révérer, si que jamais il n'estoit
rassasié de le voir et ouyr : il en prit cognaissance si douce, que ja en
son âme il respiroit Jésus-Christ ; les paroles suaves et parfaites que
prononçoit le Fils de Dieu, Eutrope les voyoit soudain confirmées des
œuvres qui, estant au-dessus du cours ordinaire de la nature, ne pourroient sortir que de la main puissante d'un Dieu ; les lettres Chaldaïques et Iuïfves luy dictoient que c'estoit le Messie promis ; les Grecques
luy donnoient à entendre qu'il n'y eut jamais de tel philosophe ; mais

et flores et ramos palmarum et olivarum plurimos sternentes in via, cùm intraturus esset Hierosolymam, et ipse cum caeteris eum sequebatur; tristis tamen affectus est quia prae turba vix eum poterat videre, unde et accedens ipse cum multis Gentilibus ad Philippum Apostolum dixerunt ei : « Domine, volumus Iesum videre ». Quod cùm eis concessum fuisset, valde laetatus est occulte ab eo tempore credens ei, reversusque est in patriam suam. Cùm autem percepisset eum occisum a Iudaeis, valde doluit. Sed audita ejus resurrectione et in cœlum ascensione lætificatus, et zelo dilectionis ad Christum, propter occisionem Christi factam a Iudaeis, in vltionem omnes Iudeos qui in Babylonia repert

---

après avoir veu ce miracle dignement et divinement opéré, auquel cinq mille hommes furent nourris de cinq petits pains d'orge, dont il avait gousté sa part, et en gardoit des morceaux bénis pour perpétuelle resouvenance, il fut si ravi que sa foi et confiance intérieure fut donnée au Fils de Dieu, et volontiers lui eust encore abandonné soi-mesme, pour estre son disciple, n'eut été la crainte de son conseiller Nicanor; la pomme n'estoit pas encore meure pour la cueillir ; il falloit plustot un autre temps pour sa maturité, et une autre entreveüe à Eutrope qui ne lui manqua point, à la bonne occasion de son salut, avec des mouvemens plus perfectz de l'Esprit saint qui le pousseroit.

Sa piété le porta dans le temple de Hierusalem pour y adorer Dieu, à la façon des estrangers, qui venans en cette ville y alloient l'honorer ; ainsi fist Eutrope, et ayant eu ces contentemens à ce premier voyage, désirant en son âme d'en faire encore un autre, il retourna vers son père, et lui fit un ample récit de ces merveilles, que, comme un témoin fidelle, il avait veu et entendu. Que ne peut le S. Esprit par ses grâces en une âme bien disposée, qui ne lui donne empeschement ? Estoit-il à la cour de son père ? Jésus lui venoit en mémoire. Parloit-il ? C'estoit des miracles de Jésus. Vouloit-il entretenir quelque Seigneur ? Il se servoit des propos de Jésus. L'âme de Jonathas ne fut jamais tant collée à celle de David, que l'esprit d'Eutrope estoit ravi en l'amour de Jésus ; il l'aimoit, il le chérissoit, il y pensoit touiours, il en parloit

sunt occidi fecit. Deinde Apostolis gloriosis Simone et Juda
in Babyloniam ad prædicandum Christum proficiscentibus
et doctrinam suam plurimis miraculis confirmantibus, Eutropius gaudio repletus non solum ipse perfecte credidit et
baptisma suscepit, sed et regem Babyloniae exhortatus est,
ut, relicto gentilitatis errore et Iudaeorum superstitionibus,
Christianam fidem susciperet ut coelorum regnum adipisci
mereretur. Quod et factum est. Quibus conuersis Apostoli
Abdiam, quem de Hierosolymis secum adduxerant, Episco-
pum creaverunt. Et post non multos dies cum Apostoli mar-

---

souvent, il se conformoit aux actions qu'il lui avoit veu faire ; ce qui le
poussa de prier son Père encore une fois qu'il lui permist de faire un
second voyage en Judée pour y voir le païs ; mais plustôt c'estoit pour
estre de l'académie et de la cour de Jésus-Christ, s'il lui faisoit l'honneur de l'y recevoir. Un an donc passé, il revient en Judée par la permission de son père, où il receu mille contentemens de se voir près
de l'object de son amour, le Fils de Dieu ; il y arriva le jour des Palmes, lors que nostre Seigneur porté sur l'asnesse fist son entrée triomphante en la ville de Hierusalem, et de bon-heur il se rencontra dans
ce commun applaudissement des gens de bien qui receurent le Messie en
cris d'allégresse ; pensez-vous, avec quelle joïe lui-mesme il chanta et
répliqua souvent ce mot et Hosanna filio David ? Parmy les enfans, il
tenoit le dessus ; parmi les hommes, il tenoit sa partie ; avec les uns, il
couppoit des branches d'arbre qu'il semoit au chemin où passoit ce
triomphant Sauveur ; avec les autres, il se dépouilloit de sa riche robe
pour en tapisser le pavé où alloit son monarque souverain et le Dieu
de son âme : saint Jean l'Evangéliste fait récit au 12 de son Evangile
que certains étrangers s'adressèrent à l'apostre S. Philippe, le supplians
de les faire parler à Jésus, lui communiquer, et baiser les mains pour
en recevoir sa bénédiction ; ils y furent présentez par S. André et S.
Philippe ; le Fils de Dieu les vit d'un œil de grâce et les receu bénignement. Eutrope estoit des premiers de ceux-là, et fut enrichi des princi-
palles faveurs de cette divine conversation qui accomplit les premiers
mouvemens de sa saincte conversion. Mais alors ayant ouï les malignes

tyrio coronati fuisseent (ut dictum est supra), Eutropius eorum passionem Chaldaicis et Græcis litteris commendauit. Audita ergo fama miraculorum quibus princeps Apostolorum coruscabat Romæ, relictis parentibus et patria, Romam profectus es. Qui cùm a beato Petro fuisset honorificè receptus, et cum eo aliquandiu conuersatus, et de mysteriis omnibus plenius edoctus, regionem Gallicam consilio eius cum aliis fratribus aggreditur. Cùmque urbem Santonensem intrasset, per plateas eius et vicos discurrens, verbum Dei instanter

------

intentions que les Juifs avoient de faire mourir leur Messie, et que déjà les Scribes, Sacrificateurs, Pharisiens et Pontifes avoient tenu un conciliabule pour s'en saisir et en dépescher le monde, la douleur et tristesse le saisirent qu'il ne peut voir une si cruelle tragédie, à cause de laquelle il rebroussa son chemin en Perse. L'histoire dit que si la mort du Sauveur eust été retardée, et qu'il eust peu empescher les malins desseins qu'avoient ces ingratz vers leur bienfaiteur, il eust armé contre eux, ou au moins se fust mis en devoir de punir les plus portez à cette malheureuse faction ; il en dit les nouvelles à son père, estant de retour au païs.

Or, du depuis qu'il fut en Perse, il entendit que Jésus avoit souffert la mort en Croix, dont il fut saisi d'une douleur si extresme, qu'on ne pouvoit rien trouver pour lui donner consolation. Il fut besoin d'autres melieures nouvelles, qui furent celles de la glorieuse résurrection de ce mesme Sauveur. Elles lui furent aussi rapportées, et voilà qu'il reçoit soudain ses soulas et contentemens : la mort de Jésus le faisoit presque mourir de tristesse, la vie nouvelle de ce mesme Sauveur le fit soudain reprendre vie en liesse ; la main de Dieu blesse et guérit, sa puissance abaisse et eslève, et un seul Jésus-Christ donne la vie et la mort à ses amiz, et remplit leurs âmes de douleur et de douceur. En ce pacquet dernier à lui rapporté de la résurrection de son sacré maistre, il receu consolation et vie : car il creu à tous les mystères, tant à ceux qu'il avoit veu, qu'à ceux qu'il avoit entendu et appris : que pouvoit estre en une si grande charité qu'une foi vivante ? Dès lors pour la punition des Juifz, qui estoient dans les terres de son Père, il commenda qu'ils fus-

prædicabat. Mox vt illum ciues barbarum virum esse co-
gnouerunt et inaudita eis prædicantem audierunt, indi-
gnantes illum extra vrbem facibus adustum et perticis ver-
beratum eiecerunt. Ille verò patienter ferens iniurias in
quodam monte iuxta urbem tugurium ligneum fecit, in eo
aliquandiu habitans. Per diem nihilominus ad ciuitatem
prædicationibus erudiendam descendebat, et noctibus in la-
crymis et vigiliis atque orationibus in tugurio permane-
bat. Cùmque per longissimum tempus non nisi raros ad
fidem traxisset Domini Iesu Christi, Romam denuo adiit.

---

sent saisiz au corps, et que ceux qui approuveroient ce cruel meurtre
du fils de Dieu receussent la mort pour récompense, puis qu'ils estoient
si sanguinaires; ce qui fut exécuté.

Quelques années après ces choses, les Apostres ayant dressé le Symbole de la foi et divisé le monde en cantons pour leurs S. travaux, où
ils s'acheminèrent pour y annoncer la cognoissance du vrai Dieu, la
foy en Jésus, et le salut des âmes, voicy que S. Simon et S. Jude se
rencontrèrent en Perse, où ils ne manquèrent point à leur S. Ministère.
Eutrope qui désia estoit chrestien en son cœur, se rangea doucement à
la créance et vérité chrestienne; il y amena mesme son père qui estant
un Prince sage et bien naiz, et considérant la vie, les paroles et les
merveilles des Apostres, céda aux attraits de la grâce et se fist chrestien. Tous deux ils furent instruits par ces Saincts, et leur instruction
fut suivie du sacrement de baptesme. Des centaines de personnes mar-
chèrent après l'exemple et la foy de leurs Princes, car un chacun se
moule à la forme des grands. Abdias fut sacré Evesque de Perse, S.
Eutrope fut constitué Diacre; les grâces néantmoins et les mouvemens
du S. Esprit furent plus puissans et prompts en S. Eutrope. Soudain,
par ce divin zéphire qui le poussoit, il quitte son père, son estat et sa
Perse, s'acheminant à Rome. Le doux vent mais fort, ravy les nües en
moins de rien. Mais le vent du S. Esprit qui respire où il veut, emporte
S. Eutrope de son père corporel à son père spirituel S. Pierre, de son
estat et maison à la ville de Rome, et de l'Orient en Occident, où il
ne fut pas plustôt venu aux pieds du Prince des Apostres, que S.

Inueniens autem Petrum iam in cruce passum, a beato Clemente ordine episcopali suscepto, cum Dionysio et sociis in Galliam directus est ; sed iis cum lacrymosis amplexibus et salutationibus abinvicem discedentibus, Dionysius cum sociis Parisiis accessit : Eutropius vero Santonas reversus est, et ibi opportunè et importunè instans prædicationi, zelo Christi plenus, multos conuertit et baptisavit. Et inter cæte·ros filiam Domini ciuitatis illius nomine Castellam ; propter

---

Pierre le trouvant capable de choses plus éminantes, l'envoya soudain ès Gaules, où estoient de bons esprits qui requéroient bien un tel homme. Sa mission et l'esprit de Dieu l'emmenèrent en Xaintonge, où, ayant mis le pied en la ville de Xainctes, pour en estre l'Apostre désigné à ces peuples, il commença de tonner, ès quartiers d'icelle, et estonner les citoiens sur les jugemens de Dieu ; en un mot il annonce Jésus-Christ crucifié, mais avec quelle récompense ? pour son amour il est hay des meschans, pour ses prédications il est payé en injures, pour ses miracles il est chargé de coups, et pour sa visite salutaire il est chassé de la ville avec deffense à quiconque, soit de luy aider d'eau, de feu et de toict ; néanmoins proche les murs de la ville rebelle se retirant en une mazure d'une maison my-ruinée, il vacquoit à prières pour la conversion de ce peuple ; il y passoit les jours à instruire quelques uns en ses salutaires exhortations, et les nuicts en ses continuelles prières ; mais recognaissant que l'esprit malin avoit obscurci les yeux de ce peuple, qui ne pouvoit les desciller pour voir la clairté de la foy chrestienne, y faisant peu de fruict, et n'ayant conuerty que dix personnes, il retourna droit à Rome pour en communiquer avec S. Pierre, qu'il trouva mort en la croix par les barbares cruautez de Neron.

Or, S. Clement venant à succeder au throsne Apostolique, après Lin et Clete, recognaissant que S. Eutrope estoit toujours bien animé pour les Xaintongeois, le consacra Prelat de ces peuples : ce fut alors que le S. Pere eut un grand soin des Gaulois, et ayant apris que ceux que S. Pierre y avait envoyé, estoient decedez, il fist une nouvelle mission d'hommes apostoliques pour y planter ou prouigner la foy chrestienne ja plantée : il ordonna et sacra pour Evesques S. Taurin à ceux d'E-·vreux, S. iaune à Beauvais, S. Denis cet homme Angélique pour Pa-

quod pater, eam abominatus, extra vrbem misit Haec
puella pro Christo æquanimiter ferens injuriam, iuxta tugurium sancti viri humiliter magis elegit in parvulo habita-
culo commorari quam in palatio cum parentibus deliciis
affluere et idolis immolare. Cernens autem pater impius
eam non posse nec blanditiis nec minis a proposito fidei re-
uocari, furiis invectus contra Eutropium, iussit carnificibus
ciuitatis ut ipsum sanctum lapidarent, et fustibus ac corri-
giis plumbatis cæderent ; demum securi capite illiso pere-

---

ris, S. Nicaise à Rouën, et nostre Sainct Eutrope pour ceux de Xaintonge. Icy paraist combien est plus puissante l'autorité d'un évesque
que l'office d'un diacre : S. Eutrope Diacre n'en avoit converti que dix
hommes de Xaintes, à son premier voyage, ne faisant pas beaucoup de
fruit ; est-il Evesque ? A son second voyage il presche, il convertit la
princesse Eustelle et grande quantité de peuple, faisant un millier de
miracles, tellement que ses prédications et œuvres sainctes ne se passoient
pas sans quelque conversion notable, et mesme cette Princesse, mespri-
sant le monde, ses richesses, et ses grandeurs, se disposant de servir à
Dieu seul, et visitant S. Eutrope en la compagnie des Vierges et du
peuple chrestien, consigna entre ses mains la promesse de garder perpétuellement virginité pour estre espouse de Jésus-Christ.

S. Eutrope l'a receu en une si céleste vie, l'amène à ses devoirs, lui
promet de l'assister de ses offices et pouvoirs ; mais le père de la princesse ayant ouy ces nouvelles, la voulant allier à une maison illustre,
en cresve de despit et de cholère. Que fait-il ? Que peut-il ? Le diable
lui suggère ses ordinaires cruautez, car au mesme instant ce grand Seigneur ne respirant que le sang et la mort du Sainct, y envoya une
brigade d'estaffiers pour le tuer ; ils y arrivèrent pleins de rage, s'en
saisirent, le chargent de cailloux et de pierres, lui fracassent le corps
à grands coups de plombées, et finallemeut lui tranchèrent la teste.

Eustelle ne fut pas sans amères larmes pour voir le cruel massacre
de son S. Père Evesque, mais ne pouvant luy faire autre charité, le
mist en sépulture honorable, où passant le reste de ses jours en sa can-
deur virginale, en prières et en jeusnes, rendit son âme au pied du sépulchre du Sainct, et là mesme fut ensevelie. Du depuis la piété reli-

merunt in dicto tugurio, in quo tunc sepultus est; sed postea cessantibus persecutionibus contra Christianos, et patria illa ad Christum conuersa, ingens basilica ibi aedificata est in honorem eius, vbi corpus eius requiescit crebris miraculis corruscans.

Divi Antonini Archiepiscopi Florentini... *Chronicorum opus.* (Lyon, les Juntes, 1587), tome Ier, p. 446, chapitre XXVII. *De discipulis beati Pauli videlicet Dionysio Areopagita et sociis eius, de sancta Thecla, Timotheo, Tito, Praxede et Potentiana,* § III.

---

gieuse des chrestiens y bastit une Eglise, et ces Ss. corps y furent dignement honorez.

La saincteté chrestienne, contenant la vie, mort et miracles de plusieurs saints de France et autres pays, dont les reliques sont au diocèse de Troyes, avec l'histoire ecclésiastique, traitant des antiquitez et des églises et abbayes dudit diocèse; recueillie par Mr N. Desguerrois de Jésus. Troyes, J. et Fr. Jcacques, 1637, in-4⁰, f⁰ 12 et suivants.

II

La vie de Sainct Evtrope, Euesque et Martyr.
Il vivoit du temps de Iesus-Christ.
Recueillie de plusieus auteurs par M. Clement Marchand.

S AINCT Eutrope, selon ce que nous auons peu recueillir des
plus anciens escriuains, a esté le fils de ce grand Roy de
Perse et de Babylone Xerxès, et de Guina, femme d'iceluy ;
lequel, après avoir esté instruit abondamment ès lettres
Grecques, Chaldéennes et autres sciences libérales, luy print
désir d'arpenter vne partie du monde, pour la cupidité insa-
tiable qu'il auoit d'apprendre, de voir et de cognoistre.
Parquoy pour mettre à chef tel dessein, il fist tant que le
Roy son père lui donna permission de se transporter où bon
luy sembleroit, et luy fut donné pour pedagogue vn qui auoit
nom Nicanore. Le premier pays où il arriva, ce fut Galilée
où Herodes commandoit, en la cour duquel il desira hanter
aucunement pour y apperceuoir quelque chose nouuelle.
Incontinent apres il entendit les miracles excellens de nostre
Sauueur Iesus-Christ, qui fut cause qu'il print cognoissance

d'iceluy, et apres auoir veu la nourriture de 5 mil hommes par la multiplication de cinq pains, il se fust volontiers rendu son disciple, si ce n'eust esté la crainte qu'il auoit de son pedagogue. Cependant ayant en la façon des Gentils adoré Dieu au temple de Jérusalem, il retourna vers son pere, et luy raconta les choses admirables et surpassantes toute capacité humaine qu'il auoit veuës. Et pour autant que secrettement il aymoit Iesus-Christ, il demanda de rechef congé à son père d'aller en Iudée : où il arriua le iour des palmes, lorsque nostre Seigneur entra sur vne asnesse et asnon en icelle avec grand applaudissement et chant des loüanges que les petits enfans luy faisoient, et estoit du nombre de ceux qui couppoient des branches des arbres pour semer parmy la voye où passoit Iesus-Christ. Dauantage, c'estoit l'un de ceux qui demandèrent à S. Philippe de leur monstrer la personne de nostre Sauveur Iesus, comme nous lisons en S. Iean, chapitre 12. Mais ayant entendu depuis le meschant vouloir qu'auoit les Iuifs, rebroussa chemin droit en son pays, à ce qu'il ne vist tel piteux spectacle. Depuis estant de retour, comme il entendit la mort d'iceluy, il fut saisi et surpris d'vne douleur et tristesse extresme. Toutes fois, ayant entendu sa glorieuse résurrection, il receut une incredible consolation : de sorte qu'il commanda que tous les Iuifs qui estoient sur les terres de son père fussent occis et mis à mort. Du depuis, ainsi que S. Simon et S. Jude preschoient en Perse, S. Eutrope, ensemble son pere, furent si bien instruicts en la cognoissance de Iesus-Christ, qu'ils furent baptisez par iceux Apostres, lesquels leur donnerent pour Euesque un nommé Abdias, et S. Eutrope pour Diacre. Cela fait, S. Eutrope quittant le monde, et laissant son père, s'achemina à Rome, d'où il fut enuoyé par S. Pierre en la Gaule auec S. Denys, lequel nous

a delaissé par escrit son martyre. Estant arriué en icelle, preschant en Xaintonge, les payens le molestoient beaucoup, et
le ietterent hors de la ville, auprès de laquelle il demeura
quelque temps en vne petite maisonnette vaquant à prieres
la nuict, et le iour à prédication. Peu de temps apres il s'en
alla à Rome, où il trouva l'Apostre S. Pierre mort, et fut
consacré Euesque de Xaintonge par S. Clement son successeur, qui de rechef l'envoya en Gaule auec S. Denys,
où estant arriué, il conuertit à la foy la fille du Roy nommée
Eustelle, et receut d'elle le vœu de perpétuelle virginité.

Ce qu'ayant entendu le prince de Xaintonge, il enuoya
une brigade de satellites à S. Eutrope, qui le massacrerent
de pierres et luy trancherent la teste: de sorte qu'il mourut
et rendit son esprit à Dieu; et fut son corps enseuely par
saincte Eustelle, en la maison où il demeuroit.

Histoire de la vie, mort, passion et miracles des saints, extraite
et faite françoise par la plupart des écrits Grecs de Siméon Méta-
phraste, d'Aloisius Lippomanus, évêques, et d'autres antiques
Autheurs Catholiques, par Maistre Jacques Tigeou, Angevin...
Pierre Viel... et Clément Marchand. Paris, Nicolas Chesneau,
1579, in-folio, et Lyon, 1593 ; édition de 1601 par René Benoist,
folio 223 verso.

III

Privilèges accordés par les souverains pontifes
à l'église de Saint-Eutrope.

1° Autel privilégié ; bref et indult de Grégoire XVI en 1868 ;

2° Indulgence plénière pour la fête de saint Eutrope, le 30 avril, ou un jour dans l'octave, même indult ;

3° Indulgence plénière pour le 14 octobre, fête anniversaire de la translation des reliques de saint Eutrope, ou un jour dans l'octave ; bref de Pie IX, le 14 février 1873 ;

4° Permission de dire une fois la messe votive du saint aux prêtres qui viennent en pèlerinage à son tombeau, 4 mars 1875 ;

5° Indulgence plénière pour la fête de sainte Eustelle, 14 février 1876 ;

6° La fête de sainte Eustelle est élevée au rit double majeur pour le diocèse ;

7° Au rit de deuxième classe pour la paroisse.

8° La fête de sainte Eustelle est tranférée du 21 mai au dimanche dans l'octave de l'ascension ;

9° Indulgence plénière pour la fête de la purification de la sainte Vierge, 7 juin 1878.

IV

INDULGENCES plénières : fête de l'immaculée conception,
de la nativité, de l'annonciation et de l'assomption de
la sainte Vierge.

Indulgences partielles : Purification de la sainte Vierge,
25 ans et cinq quarantaines ; présentation, 4 ans et quatre
quarantaines ; exaltation de la sainte croix, 3 ans et trois
quarantaines ; dédicace de saint Michel, archange, 2 ans et
deux quarantaines.

Indulgences stationales : 1er, 2e et 4e dimanche de l'avent :
10 ans et dix quarantaines ; 3e dimanche, 15 ans et 15 quarantaines ; quatre temps de l'année, 10 ans et dix quarantaines ; veille de noël, nuit de noël et messe de l'aurore,
15 ans et quinze quarantaines ; jour de noël, indulgence
plénière (confession et communion requises) ; fêtes de saint
Etienne, de saint Jean l'Evangéliste, des saints Innocents,
30 ans et trente quarantaines ; mercredi des cendres et
4e dimanche de carême, 15 ans et quinze quarantaines ;
dimanche des rameaux, 25 ans et vingt-cinq quarantaines ;

jeudi saint, indulgence plénière (confession et communion) ;
vendredi et samedi saints, 3o ans et trente quarantaines ;
tous les autres dimanches et tous les autres jours du carême,
10 ans et dix quarantaines ; jour de pâques, indulgence
plénière (confession et communion) ; tous les jours de l'octave de pâques, y compris le dimanche de Quasimodo,
3o ans et trente quarantaines, les trois jours des rogations,
item, ascension, plénière (confession et communion) ;
veille de la pentecôte, 10 ans et dix quarantaines ; le jour
de la dédicace de sainte Marie aux Neiges.

V

Archiconfrérie du très Saint Rosaire, érigée canoniquement
à Saint-Eutrope en 1822.

PRINCIPALES indulgences : I. Récitation du rosaire aux
jours ordinaires : 1º Cinquante ans pour le tiers du
rosaire récité dans la chapelle de la confrérie ou dans une
partie de l'église d'où l'on puisse voir l'autel, une fois par
jour ; Adrien VI, 1er avril 1523. La même Indulgence est
accordée à ceux qui, loin du lieu de leur confrérie, réci-
tent le tiers du rosaire dans une église ou oratoire quelconque ; Clément VIII, 6 avril 1594 et 23 mars 1599. — 2º
Cent ans et cent quarantaines pour porter dévotement sur
soi le rosaire, une fois par jour ; Innocent VIII, 27 février
1488. — 3º Dix ans et dix quarantaines pour réciter en commun le tiers du rosaire ; Pie IX, 12 mai 1851. — 4º Toutes
les indulgences attachées aux chapelets de sainte Brigitte,
c'est-à-dire cent jours sur chaque Pater et chaque Ave ;
Benoît XIII, 13 avril 1726. — 5º Les indulgences accordées
à la couronne d'Espagne, parmi lesquelles une plénière ;
Clément IX, 22 février 1668.

II. Principales indulgences plénières en se confessant,
communiant et priant dans une église aux intentions du

souverain pontife : 1° Le jour de la réception dans la confrérie ; S. Pie V, 17 septembre 1569, et Clément VIII, 13 janvier 1592. — 2° le premier dimanche de chaque mois; Grégoire XIII, 12 mars 1557 et 8 novembre 1578. De plus, pour la procession de ce jour ; Grégoire XIII, 24 octobre 1577; Paul V, 15 avril 1608. Le dernier dimanche de chaque mois; Pie IX, 12 mai 1851. — 3° A toutes les fêtes principales de la sainte Vierge; Grégoire XIII, 12 mars 1577. Le jour de l'assomption et le jour du rosaire (1ᵉʳ dimanche d'octobre), une à chaque visite faite à l'église de la confrérie; S. Pie V, 1571 ; Clément VIII, 13 et 18 janvier 1592. — 4° Aux jours où se célèbre un des mystères du rosaire ; Grégoire XIII, 5 mai 1581. A la fête-Dieu; Innocent XI. — 5° A toutes les fêtes des saints canonisés de l'ordre des frères prêcheurs : saint Raymond de Pennafort, 23 janvier; sainte Catherine de Ricci, 13 février ; saint Thomas d'Aquin, 7 mars ; saint Vincent Ferrier, 5 avril ; sainte Agnès de Monte-Pulciano, 20 avril ; saint Pierre, martyr, 29 avril ; sainte Catherine de Sienne, 30 avril ; saint Pie V, 5 mai ; saint Antonin, 10 mai ; saint Jean de Gorcum, 9 juillet ; saint Dominique, 4 août; saint Louis Bertrand, 10 octobre ; fête de tous les saints de notre ordre, 9 novembre ; Innocent XI, 31 juillet 1679. — 6ⁿ En disant ou entendant la messe privilégiée du saint rosaire. *Id.*, *Ibid.* — 7° A l'article de la mort, *Id.*, *Ibid.*

III. Les confrères du rosaire participent en outre, pendant la vie et après la mort, à tous les mérites et bonnes œuvres qui se font dans les trois ordres de saint Dominique; Innocent VIII, 13 octobre 1480. — Ils participent, pendant la vie et après la mort, à toutes les bonnes œuvres, non seulement de la confrérie du rosaire, mais encore de toutes les confréries du monde entier; Innocent XI.

L'autel du rosaire est privilégié toutes les fois qu'un prêtre de l'ordre de saint Dominique ou tout prêtre de la confrérie y dit la messe pour un confrère décédé; Grégoire XIII, 1592. — Les Indulgences du rosaire peuvent être apliquées aux âmes du purgatoire; Innocent XI, 31 juillet 1679.

Ces diverses indulgences sont très authentiques : accordées par un grand nombre de souverains pontifes, elles ont été confirmées plusieurs fois par d'autres, particulièrement par S. Pie V, par Innocent XI dans sa fameuse bulle *Nuper pro parte* du 31 juillet 1679, par Benoit XIII, et enfin tout récemment par Pie IX, 12 mai 1851.

VI

Confrérie de Notre-Dame des malades; indulgences plénières
et rémission des péchés, avec la condition de la
confession et de la communion.

L E jour de la réception dans la confrérie, à l'article de la
mort, le 8 décembre, jour de l'immaculée conception,
fête patronale de l'association, la nativité, la présentation,
l'annonciation, la visitation, la purification, la compassion
et l'assomption, fête de la transfixion de la sainte Vierge,
fête des saints anges gardiens, de saint Joseph, saint Vincent de Paul, patrons secondaires de l'œuvre ; une fois le
mois au jour que chacun choisira ; à chacune des fêtes des
douze apôtres, de saint Philippe de Néri, de saint Camille
de Lellis, et le dimanche dans l'octave de l'assomption, jour
anniversaire de l'institution de l'œuvre.

Ces indulgences sont applicables, par forme de suffrage,
aux âmes des fidèles qui sont morts dans la grâce de Dieu.
Elles peuvent de plus être gagnées par les confrères et con-
sœurs qui, empêchés par leur mauvaise santé d'accomplir,
au jour dit, les conditions prescrites, remplissent fidèlement
les actes de piété enjoints par leur confesseur.

VII

Association des enfants de Marie et du catéchisme de persévérance
agrégée à la congrégation mère, établie à Rome.

INDULGENCES plénières : 1° Le jour de la réception ; 2° à l'article de la mort ; 3° une fois par semaine, au jour marqué par l'assemblée ; 4° le jour de la principale fête (la nativité de la sainte Vierge) ; 5° le jour de la seconde fête (sainte Eustelle), alors même que ces deux fêtes seraient transférées à un autre jour ; 6° le jour d'une confession ou revue générale, une ou deux fois l'année ; 7° les jours de noël, de l'ascension de notre Seigneur, de l'annonciation, de l'assomption, de la conception, de la nativité de Notre-Dame ; 8° le jour de la communion en viatique, en disant trois Pater et trois Ave.

Indulgences plénières des stations de Rome :

En janvier : le jour de la circoncision, le 1er ; le jour des rois, le 6 ; saint Marcel, le 16 ; saint Antoine, abbé, le 17 ; sainte Prisque, vierge et martyre, le 18 ; saint Fabien et saint Sébastien, le 20 ; la conversion de saint Paul, le 26.

En février : la purification de Notre-Dame, le 2 ; la chaire de saint Pierre, le 22 ; saint Mathias, le 24.

En mars : saint Thomas d'Aquin, le 7 ; saint Grégoire, pape, le 12 ; saint Joseph, le 19 ; la veille de l'annonciation, le 24 ; l'annonciation de Notre-Dame, le 25.

En avril : saint Marc, évangéliste, le 25 ; saint Pierre, martyr, le 29.

En mai : tous les dimanches de ce mois ; saint Philippe et saint Jacques, le 1er ; l'invention de la sainte croix, le 3 ; saint Jean devant la Porte latine, le 6 : l'apparition de saint Michel, le 7 ; l'ascension de notre Seigneur.

En juin : tous les dimanches de ce mois ; la nativité de saint Jean-Baptiste, le 24 ; saint Pierre et saint Paul, apôtres, le 29 ; la commémoration de saint Paul, le 30.

En juillet : la veille de la visitation de Notre-Dame, le 1er ; la visitation de Notre-Dame, le 2 ; l'octave de la visitation, le 9 ; saint Bonaventure, le 14 ; saint Alexis, le 16 ; sainte Marie-Madeleine, le 22 ; saint Jacques, apôtre, le 25 ; sainte Anne, mère de Notre-Dame, le 26.

En août : saint Pierre aux liens, le 1er ; l'invention de saint Etienne, le 3 ; saint Dominique, confesseur, le 4 ; sainte Marie des Neiges, le 5 ; saints Cyriaque, Large et Smaragde, le 8 ; saint Laurent, martyr, le 10 ; sainte Claire, vierge, le 12 ; la vigile de l'assomption aux vêpres, le 14 ; l'assomption de Notre-Dame, le 15 ; le dimanche dans l'octave ; l'octave, le 22 ; saint Barthélemy, le 24 ; saint Augustin, le 28 ; décollation de saint Jean-Baptiste, le 29.

En septembre : la vigile de la nativité de Notre-Dame, le 7 ; la nativité de Notre-Dame, le 8 ; l'exaltation de la sainte croix, le 14 ; saint Mathieu, apôtre, le 21 ; saint Michel, archange, le 29.

En octobre : saint François, le 4 ; saint Simon et saint Jude, apôtres, le 28.

En novembre ; la toussaint, le 1er ; les trépassés, le 2 ; l'octave des saints, le 8 ; la dédicace du saint Sauveur, le 9 ; dédicace de la basilique de saint Pierre et de saint Paul, le 18 ; la présentation de Notre-Dame, le 21 ; saint Clément, pape, le 28 ; saint André, apôtre, le 30.

En décembre : saint Nicolas, le 6 ; saint Ambroise, le 7 ; la conception de Notre-Dame, le 8 ; la vigile de noël le 24 ; noël, à la première et à la seconde messe, le 25 ; saint Etienne, le 26 ; saint Jean, évangéliste, le 27 ; les saints Innocents, le 28.

L'autel de la congrégation est privilégié de droit, c'est-à-dire qu'il y a indulgence plénière à toutes les messes qui s'y disent pour les congréganistes, par quelque prêtre que ce soit ; en outre, tout prêtre congréganiste, à quelque autel qu'il dise la sainte messe, gagne une indulgence plénière pour les congréganistes défunts, pour qui il dit la sainte messe. Après s'être confessé et avoir reçu le très saint Sacrement, pour gagner les indulgences ci-dessus, les mêmes litanies de la sainte Vierge que l'on dit chaque jour suffisent ou bien même quelque autre prière dans l'intention de notre saint père le Pape.

Indulgences non plénières : 1° En accompagnant à la sépulture les fidèles trépassés ; 2° en disant un *Pater* et un *Ave* pour les malades ou défunts, au son de la cloche ; 3° en assistant aux congrégations, aux offices, aux exhortations, etc.; 4° en assistant à la sainte messe les jours ouvriers ; 5° en examinant sa conscience le soir ; 6° en visitant les pauvres, les malades, les prisonniers ; 7° en réconciliant les ennemis ; 8° les indulgences des stations de Rome pour tous les jours du carême et des quatre-temps ; 9° en visitant l'église de la congrégation et y récitant sept *Pater* et sept *Ave* ; 10° toutes les indulgences propres aux congréganistes sont applicables, par voie de suffrages, aux âmes du purgatoire.

VIII

Litanies de saint Eutrope.

Kyrie eleison.	Seigneur, ayez pitié de nous.
Christe eleison.	Jésus-Christ, ayez pitié de nous.
Kyrie eleison.	Seigneur, ayez pitié de nous.
Christe, audi nos.	Jésus-Christ, écoutez-nous.
Christe, exaudi nos.	Jésus-Christ, exaucez-nous.
Pater de cœlis, Deus, miserere nobis.	Père céleste qui êtes Dieu, ayez pitié de nous.
Fili, redemptor mundi, Deus.	Fils, rédempteur du monde, qui êtes Dieu.
Spiritus Sancte, Deus.	Esprit Saint, qui êtes Dieu.
Sancta Trinitas, unus Deus.	Trinité sainte, qui êtes un seul Dieu.
Sancta Maria, Dei genitrix, ora pro nobis.	Sainte Marie, mère de Dieu, priez pour nous.
Sancte Joseph, universæ ecclesiæ patrone.	Saint Joseph, patron de l'église universelle.
Sancte Eutropi, Santonum apostole.	Saint Eutrope, apôtre de la Saintonge.
S. E., Christi discipule.	S. E., disciple de Jésus-Christ.
— virgini Mariæ devotissime.	— très dévot à la vierge Marie.
— contemptor gloriæ mundi.	— qui avez méprisé la gloire du monde.
— amator paupertatis.	— qui avez aimé la pauvreté.
— pœnitentiæ exemplar.	— modèle de pénitence.
— apostolice peregrine.	— voyageur apostolique.
— zelator animarum.	— zélateur des âmes.

S. E., fidei propugnator.	S. E., défenseur de la foi.
— expugnator idolatriæ.	— vainqueur de l'idolâtrie.
— bone pastor, ovium hostia.	— bon pasteur immolé pour vos brebis.
— beatæ Eustellæ pater in Christo.	— Père en J.-C. de sainte Eustelle.
— athleta Christi fortissime.	— vaillant athlète de J.-C.
— martyr invicte.	— martyr invincible.
— regionis nostræ protector assidue.	— constant protecteur de notre pays.
— civitatis nostræ defensor et custos.	— défenseur et gardien de notre ville.
— miraculis clarissime.	— illustre par vos miracles.
Ut ab omni malo liberemur, intercede pro nobis.	Pour que nous soyons délivrés de tout mal, intercédez pour nous.
Ut nos ab omni peccato præserves.	Pour nous préserver de tout péché.
Ut iram Dei avertas a nobis.	Pour détourner de nous la colère de Dieu.
Ut a bello, peste et fame servemur.	Pour que nous soyons garantis de la guerre, de la peste et de la famine.
Ut Christo fideliter adhæreamus.	Pour que nous soyons fidèlement attachés à J.-C.
Ut in fide stabiles inveniamur.	Pour que nous soyons trouvés fermes dans la foi.
Ut charitas divina in nobis accendatur.	Pour que la charité divine nous embrase.
Ut sanctâ spe confirmemur.	Pour que nous soyons fortifiés par la sainte épreuve.
Ut morum integritas in nobis eluceat.	Pour que la pureté des mœurs brille parmi nous.
Ut fructus terræ conserventur.	Pour que les fruits de la terre soient conservés.
Ut corda nostra ad cœlestia desideria erigantur.	Pour que nos cœurs s'élèvent aux désirs célestes.
Ut summum pontificem tua protectione defendas, te rogamus, audi nos.	Pour que votre protection défende N. S. P. le pape, nous vous prions ; écoutez-nous.
Ut episcopum nostrum custodias et adjuves.	Pour que vous gardiez et aidiez notre évêque.
Ut regionem nostram tuo patrocinio salves.	Pour que vous sauviez notre contrée.

Ut civitatem nostram tuo foveas auxilio.

Ut Galliam nostram serves incolumen.

Agnus Dei, qui tollis peccata mundi, parce nobis, Domine.

Agnus Dei, qui tollis peccata mundi, exaudi nos, Domine.

Agnus Dei, qui tollis peccata mundi, miserere nobis.

Christe, audi nos.
Christe, exaudi nos.

℣ — Ora pro nobis, Sancte Eutropi.

℟ — Ut digni efficiamur promissionibus Christi.

Oremus. Deus, qui beati Eutropii, martyris atque pontificis prædicatione, de incredulitatis tenebris nos vocasti in admirabile evangelii lumen, fac ut ejus intercessione crescamus in gratiâ et cognitione domini nostri Jesu Christi, qui tecum vivit et regnat in unitate Spiritus Sancti, Deus, per omnia sæcula sæculorum.

Amen.

Pour que vous accordiez votre secours à notre ville.

Pour que vous gardiez notre France de tout désastre.

Agneau de Dieu, qui effacez les péchés du monde, pardonnez-nous, Seigneur.

Agneau de Dieu, qui effacez les péchés du monde, exaucez-nous Seigneur.

Agneau de Dieu, qui effacez les péchés du monde, ayez pitié de nous.

Jésus-Christ, écoutez-nous.
Jésus-Christ, exaucez-nous.

℣ Priez pour nous, saint Eutrope.

℟ Afin que nous soyons tous dignes des promesses de Jésus-Christ.

Prions. O Dieu, qui par la prédication de saint Eutrope, martyr et pontife, nous avez appelés des ténèbres de l'incrédulité à l'admirable lumière de l'évangile, faites-nous, par son intercession, croître en la grâce, et en la connaissance de notre Seigneur Jésus-Christ, qui vit et règne avec vous dans l'unité du Saint Esprit, dans tous les siècles des siècles.

Ainsi soit-il.

IX

Litanies de sainte Eustelle.

Seigneur, ayez pitié de nous.
Jésus-Christ, ayez pitié de nous.
Seigneur, ayez pitié de nous.
Seigneur, ayez pitié de nous.
J.-C., écoutez-nous.
J.-C., exaucez-nous.
Père céleste, qui êtes Dieu, ayez pitié de nous.
Fils, rédempteur du monde, qui êtes Dieu, ayez pitié de nous.
Esprit saint, qui êtes Dieu, ayez pitié de nous.
Trinité sainte, qui êtes un seul Dieu, ayez pitié de nous.
Sainte Marie, priez pour nous.
Reine des martyrs et des vierges,
Sainte Eustelle, notre vierge martyre,
S. E., la plus belle fleur de l'église Santone,
S. E., lys éclatant d'innocence parmi les épines de l'idolâtrie,
S. E., douée d'une âme bonne et naturellement chrétienne,
S. E., prédestinée à la vie éternelle,
S. E., amenée par saint Eutrope à la lumière de la vérité,
S. E., pénétrée par la grâce comme par une rose céleste,
S. E., éclairée par les rayons du divin soleil de justice,
S. E., persévérant avec vos nouveaux frères dans la prière et la fraction du pain,
S. E., parfaitement fidèle à votre divine vocation,
S. E., vierge consacrée à Dieu,
S. E., épouse très aimante de Jésus-Christ,
S. E., n'ayant que mépris pour les vanités du monde et ses appâts trompeurs,
S. E., préférant l'amour de Jésus aux plaisirs passagers d'une union terrestre,
S. E., souffrant persécution pour la justice,
S. E., ne vivant que pour Jésus et considérant la mort comme un gain,
S. E., ensevelissant de vos propres mains Eutrope, le généreux athlète de Jésus-Christ.
S. E., hostie vivante, sainte et agréable à Dieu,
S. E., tombant sous le glaive impie des sicaires de votre père,
S. E., portant la glorieuse couronne des martyrs,
S. E., admise aux noces éternelles de l'agneau sans tache,
S. E., suivant, partout où il va, ce divin agneau,

S. E., maintenant inondée de délices et nourrie de joies toutes cé-
lestes,

S. E., dont les restes précieux rendent des oracles et attirent la
foule des pèlerins,

S. E., parfait modèle de la jeunesse chrétienne,

S. E., étoile bienfaisante, qui diri-
gez nos pas vers le ciel,

Agneau de Dieu, qui effacez les
péchés du monde, pardonnez-
nous, Seigneur.

Agneau de Dieu, qui effacez les
péchés du monde, exaucez-nous,
Seigneur.

Agneau de Dieu, qui effacez les
péchés du monde, ayez pitié de
nous.

Jésus-Christ, écoutez-nous.

Jésus-Christ, exaucez-nous.

℣ — La grâce est répandue sur
vos lèvres.

℟ — Aussi le Seigneur vous a-t-
il comblée de ses bénédictions
éternelles.

Prions : — Seigneur, qui parmi les miracles de votre puissance,
nous avez montré la victoire du
martyre accordée même au sexe
fragile, exaucez notre prière ; et,
qu'en célébrant la naissance éternelle de la bienheureuse vierge
Eustelle, votre glorieuse martyre,
nous soyons conduits jusqu'à vous
par ses exemples. Nous vous le
demandons par J.-C. N. S. Ainsi
soit-il.

TABLE DES MATIÈRES

CHAPITRES

APPENDICE

Imprimerie de Pons (Charente-Inférieure). — Noël Texier.

OUVRAGES DE M. LOUIS AUDIAT

LA VIE DU GLORIEUX MARTYR DE JÉSUS-CHRIST SAINT EU-
TROPE, Apostre des Sainctongeois et premier évesque de Saintes
(réimpression); Saintes, 1877; gr. in-8, 61 pages.　　　　I　»

SAINT EUTROPE & SON PRIEURÉ, documents inédits. Paris,
1877, gr. in-8, 480 pages.　　　　10　»

SAINT-PIERRE DE SAINTES. Saintes, Z. Mortreuil, 1871, in-8.　3　»
　　Exemplaires sur papier à bras, 287 pages.　　　　5　»

LES PONTONS DE ROCHEFORT en 1793. Paris, in-8.　　　　2　»

FÉNELON A LA TREMBLADE. La Rochelle, 1874, in-8.　　　　»　50

LES ENTRÉES ÉPISCOPALES A SAINTES. Paris, imp. imp., 1869,
in-8.　　　　I　»

PÈLERINAGES EN TERRE-SAINTE au XVe siècle. Paris, Dumoulin,
1870, gr. in-8, 25 pages.　　　　I　»

SAINTES ET SES MONUMENTS, guide du voyageur à Saintes. Saintes, in-12.　　　　»　50

LES CAVALIERS AU PORTAIL DES ÉGLISES. Angers, 1872,
in-8.　　　　I　»

FONDATIONS CIVILES & RELIGIEUSES EN SAINTONGE ; eau-
forte par Gaucherel. Tours, 1877, gr. in-8, 45 pages.　　　　4　»

ÉPIGRAPHIE SANTONE & AUNISIENNE. Paris, Dumoulin, 1871,
in-8; 18 gravures, blasons, etc.　　　　12　»
　　Quelques exemplaires sur papier à bras.　　　　15　»

DOCUMENTS POUR L'HISTOIRE DES DIOCÈSES DE SAINTES ET
DE LA ROCHELLE. 1882, in-8, 229 pages ; héliogravures,
sceaux.　　　　4　»

L'ABBAYE DE NOTRE-DAME DE SAINTES, histoire et documents.
Saintes, Mortreuil, 1884, in-8, 100 pages.　　　　2　»

SAINT VINCENT DE PAUL ET SA CONGRÉGATION A SAINTES
ET A ROCHEFORT. 1885, in-8.　　　　2　»

NOTICE HISTORIQUE SUR LE COLLÈGE DE SAINTES, par
Moufflet, avec notes et appendices par M. Louis Audiat. 1886, gr.
in-8.　　　　2 50

ETUDES, DOCUMENTS ET EXTRAITS RELATIFS A LA VILLE
DE SAINTES. Saintes, 1876, gr. in-8, 554 pages.　　　　12　»

BERNARD PALISSY, ouvrage couronné par l'académie française.
Paris, Didier, 1868, in-12.　　　　3 50

ETC.